西田三元制

——上海市强校工程学校共同体实践探究

金　琪　王卫珍　编著

上海教育出版社
SHANGHAI EDUCATIONAL
PUBLISHING HOUSE

序

教育公平是新时代中国教育事业发展的重要价值旨归。党的十八大以来，在习近平总书记掌舵领航下，我国教育事业快速发展，国民教育体系持续建强，教育质量不断提升，教育公平日益彰显。习近平总书记在党的二十大报告中明确指出：要坚持以人民为中心发展教育，加快建设高质量教育体系，发展素质教育，促进教育公平；要加快义务教育优质均衡发展和城乡一体化，优化区域教育资源配置。这为当前我国基础教育改革发展提供了根本遵循。立足新时代，我国基础教育改革要树立科学教育质量观，秉持公平原则，强化质量意识。作为国际化大都市，上海将基础教育阶段的优势学校与后发学校的均衡成长，纳入了城市内涵提质发展的重点环节，百所公办初中强校工程也在这个大背景下应运而生。

百所公办初中强校工程，是新时代上海推动义务教育优质均衡发展的一项重要举措。通过梳理过往基础教育改革发展历程可以发现，学校为了提高自身教学水平会有选择地开展校际合作，且当前学校间的合作交流形式日益多元化、个性化，尤其是强校工程中支援校和实验校的合作意义突出，社会反响较大。同时，支援校和实验校在协作和共享过程中也出现了一些问题，诸如学校间的地位不对等、互动效果不明显等，特别是支援校在提供帮助的过程中，实验校参与对等合作的主动性有待进一步增强，实验校改革发展的自主性有待充分调动。

2018 年上海启动百所公办初中强校工程，按照统一部署，西南位育中学作为支援校，田林第二中学作为实验校，两校紧密对标对表徐汇教育"高标准、高质量"战略，坚持"立足校情、精准施策、提高底线、突显特色"，充分发挥支援校和实验校的特色优势，从实践中探索，从探索中总结，从总结中精进。西南位育中学与田林第二中学在强校工程实践中较好回应了政策关切，在相关具体工作安排上务实推进，两校实现了基于各自已有办学基础的良性互动和互促发展，初步探索形成了一套富有特色的合作模式，取得了积极成效，积累了宝贵而鲜活的实践经验。

本书是西南位育中学和田林第二中学以"西田三元制"实践模式推进强校工程的策略研究成果。作为两校协同发展的模式设计和实践架构，"西田三元制"实践模式无疑是强校工程整体计划展开中的亮点。两校在数年的探索中，围绕田林第二中学发展过程中的优势与潜力，进行了全面深入的探究，在帮扶支持工作体系的构建上进行了科学设计，从多层面、多角度开展了立体式、全方位考量。纵观"西田三元制"实践模式，两校始终坚持"一体两翼"的主线设计，队伍、制度、课程是两校在共建互促发展中的三个关键支撑点，其中队伍建设是核心，制度建设是保障，课程建设是载体。此次"西田三元制"强校工程以区教科研重点项目作为引领，把实践探索与学术研究紧密结合，围绕"一体两翼"——队伍、制度、课程，从三个关键要点深入挖掘分析，从推进义务教育资源均衡发展的问题切入，从发展共同体的建设理念聚焦，围绕公办初中强校的长效机制构建展开探索，坚持理论研究与实践研究相结合。两校从"合伙人"起步，在科学顶层设计下扎实推进"西田三元制"强校模式探索，形成了发展"共同体"。两校的探索过程也给我们带来了在强校工程建设中的几点重要启示：一是强校工程离不开强有力的政府指导、政策支持、制度保障，成功的强校工程实践一定是认真精准地消化落实相关政府政策、制度支持的过程；二是支援校的经验输出、推介十分必要，在两校协作过程中，支援校主动充分的优势资源共享对实验校各方面发展大有裨益；三是实验校自身潜力的挖掘和发挥十分关键，在制度保障的落实中，在师资队伍建设、课程改革推进的过程中，真正促动实验校教育教学内生发展，将是强校工程实施的关键所在。

"十年树木，百年树人。"推进教育公平是新时代人才培养事业的重要基础，事关祖国和民族的未来。义务教育均衡发展是实现教育公平的重要场域，本书论述的强校工程则正是推动义务教育均衡发展的积极实践探索。我们看到，"西田三元制"实践模式引出的两校发展共同体案例，为我们打开了优势学校帮扶后发学校的新思路、新路径，以新的视角研究强校工程探索的逻辑理路，夯实了不同学校协力合作、协同发展的共同体理念，让参与的公办实验校焕发了新生机，让民办支援校丰富了办学实践认识，为本市其他参与强校工程实践的学校提供了样本参考，同时也为当前上海学区化集团化办学、新优质学校建设等提供了借鉴。我们相信，在各级有关部门的关怀支持下，在社会各界的关心督促下，"西田三元制"实践模式获得的工作思考会助力我们进一步办好每一所"家门口的学校"，也将为我们相关义务教育政策优化提供经验参考。上海义务教育事业发展必将能更好满足人民群众对公平教育的期待，也必将迎来更加美好的明天。

桑标　上海市教育科学研究院院长

前　言

百年大计，教育为本。党的十八大以来，以习近平同志为核心的党中央坚持以人民为中心的发展思想，大力促进教育公平，全面提高教育质量。党的二十大报告指出，"坚持以人民为中心发展教育，加快建设高质量教育体系，发展素质教育，促进教育公平""加快义务教育优质均衡发展和城乡一体化，优化区域教育资源配置"。义务教育均衡发展作为我国当前教育变革的重要价值诉求，是办好公平优质教育的前提和基础，对缩小区域、城乡、校际、群体之间的教育差距至关重要。习近平总书记在北京市八一学校考察时强调"要加强对基础教育的支持力度，办好学前教育，均衡发展九年义务教育，基本普及高中阶段教育""要优化教育资源配置，逐步缩小区域、城乡、校际差距"。当前，我国城乡义务教育全面普及，从根本上解决了适龄儿童少年上学问题，但是区域之间、城乡之间、学校之间办学水平和教育质量的差距逐渐出现，人民群众不断增长的高质量教育需要与供给不足的矛盾不断凸显，推进义务教育均衡发展成为必然选择。

近年来，随着义务教育均衡政策的推进，北京、上海等全国 24 个重点城市在就近入学的原则指导下，积极实施优质校合并普通校、"多校划片"等举措，缓解了一大批家长的"择校焦虑"。其中，上海市逐步形成以纲领性文件为引导、以推进基本均衡为根本路径、以督导评估为重要抓手的推进义务教育均衡发展的行动策略。2018 年 7 月，上海市开始实施"百所公办初中强校工程"（以下简称"强校工程"），着眼于进一步抬升底部，促进优质均衡协调发展。"强校工程"中每一所实验校有待"强"的问题存在差异性，每一所支援校的特色也各不相同。迈入新时代，"强校工程"如何深入推进，进一步促进上海市基础教育的优质均衡发展，需要在"个性"中探究"共性"问题与解决模式。在此背景下，课题组依托徐汇区强校工程中西南位育中学与田林第二中学（以下简称"田林二中"）这一组结对帮扶学校开展实践研究。

　　本书将以田林二中作为强校工程的个案①，进行深入探究。鉴于两校长期的合作、交流与学习，将以此为基础，以强校工程为切入点，系统性聚焦田林二中现存的教师队伍建设质量、学生学业水平指数、学校教学管理水平三大有待提高的核心问题，围绕"建强扶弱育特"的核心策略、"授人以渔"的基本原则，按照"精准施策、注重内涵、提升质量"的推进思路，通过制度创新、政策支持和项目化实施，力求构建田林二中强校工程之"西田三元制"学校共同体实践模式，以此发挥优质民办完全中学的优势，激发田林二中办学的内生动力，提高办学质量，带动田林二中全面提升办学水平，营造更加健康的义务教育生态。并以此个案为契机，探索可复制、可推广的建设强校工程的具体实践模式，为上海市强校工程进一步发展提供相应的借鉴，为上海市基础教育均衡发展助力。

　　本书中强校工程的概念源自 2018 年 7 月 4 日上海市教育委员会公布的《关于实施百所公办初中强校工程的意见》。为适应基础教育改革的新要求和市民对优质初中教育的新期待，上海市教委实施百所公办初中强校工程。实施强校工程旨在做强内功、抬升底部、持续促进义务教育优质均衡协调发展。通过制度创新、政策支持和项目化实施，为公办初中固本强基，带动公办初中全面提升基础教育办学水平。强校工程要解决的关键问题就是如何更好地实现义务教育均衡发展，上海市已有 128 所学校实施公办初中强校工程，对 16 个区实行全覆盖，依托名校长与名教师、学区化与集团化办学、设施与设备投入三个方面展开工作。

　　本书从我国义务教育均衡发展的政策变迁与经验和上海市推进义务教育优质

---

① 在开展本项目前，课题组对作为实验校的田林二中以及作为支援校的西南位育中学两校的现状进行深入实践调查，将支援校与实验校进行相应匹配与摸底，以明确支援的顶层架构。西南位育中学历时 30 年在规模与内涵上均有较大发展，已成为拥有三个校区，国内、国际部 83 个教学班，3500 余名师生的较大民办完中，现为田林虹梅学区主任单位、徐汇区完中教育集团主任单位、强校工程支援校。田林二中是田林虹梅学区的成员校，也是强校工程的支援对象。在田林虹梅学区系列活动中，西南位育中学已与田林二中开展跨校师徒结对、学区中学各科联合教研活动、学区中学教师联合课题研究活动，此类活动均处于探究阶段且取得一定成果，但均未上升到项目研究的高度。

均衡发展的具体探索出发，梳理强校工程的政策环境，对义务教育均衡发展的理论研究基础进行梳理总结，为"西田三元制"学校共同体模型建设夯实基础。

一、我国义务教育均衡发展的政策变迁与经验

改革开放以来，我国义务教育均衡发展政策的动力机制、价值取向、过程保障和文化规则有着自身的演进逻辑，以"发展平衡"促进"机会均等"为价值取向，以每个适龄儿童少年均等享有良好教育为过程保障，以尊重和引导教育民意为文化规则，形成均衡发展义务教育的政策导向。

（一）以习近平同志为核心的党中央高度重视义务教育均衡发展

党的十八大报告明确指出要"均衡发展九年义务教育"，将均衡发展作为全面建成小康社会进程中义务教育的战略性任务，标志着这一政策将实现新的重大跨越。2016 年 9 月 9 日，习近平总书记在北京市八一学校考察时发表重要讲话，指出要加强对基础教育的支持力度，办好学前教育，均衡发展九年义务教育，基本普及高中阶段教育；要优化教育资源配置，逐步缩小区域、城乡、校际差距，特别是要加大对革命老区、民族地区、边远地区、贫困地区基础教育的投入力度，保障贫困地区办学经费，健全家庭困难学生资助体系。

党的十九大报告进一步强调"努力让每个孩子都能享有公平而有质量的教育"，党的二十大报告指出要"坚持以人民为中心发展教育，加快建设高质量教育体系，发展素质教育，促进教育公平"，帮助我们为确立均衡发展义务教育政策的未来走向梳理发展脉络和理论坐标。2018 年 9 月，习近平总书记在全国教育大会上强调，新时代新形势，改革开放和社会主义现代化建设、促进人的全面发展和社会全面进步对教育和学习提出了新的、更高的要求。李克强总理在大会上具体指出，要坚持改革创新，坚持教育公平，推动教育从规模增长向质量提升转变，促进区域、城乡和各级各类教育均衡发展，以教育现代化支撑国家现代化。2019 年 10 月 12 日，教育部在浙江省海盐县召开全国县域义务教育优质均衡发展督导评估认定启动现场会。教育部部长陈宝生在会上强调，启动此次督导评估认定工作是我国教育发展进程中的一件大事，是加快教育现代化、建设教育强国的一件大事，是义务教育发展史上的一个重要里程碑，是新时代赋予我们的历史使

命。义务教育优质均衡发展督导评估认定启动标志着义务教育向优质均衡新台阶迈进，以优质均衡引领义务教育内涵式发展。

（二）国家出台政策有序推进义务教育优质均衡发展

2010 年《国家中长期教育改革和发展规划纲要（2010—2020 年）》提出，"均衡发展是义务教育的战略性任务。建立健全义务教育均衡发展保障机制。推进义务教育学校标准化建设，均衡配置教师、设备、图书、校舍等资源"。将均衡发展作为"战略性任务"统领义务教育工作，显示了义务教育均衡发展的重要地位。2012 年 9 月，《国务院关于深入推进义务教育均衡发展的意见》（国发〔2012〕48 号）指出，深入推进义务教育均衡发展，着力提升农村学校和薄弱学校办学水平，全面提高义务教育质量，努力实现所有适龄儿童少年"上好学"，对于坚持以人为本、促进人的全面发展，解决义务教育深层次矛盾、推动教育事业科学发展，促进教育公平、构建社会主义和谐社会，进一步提升国民素质、建设人力资源强国，具有重大的现实意义和深远的历史意义。2019 年，国家发展改革委、中央宣传部、教育部等 18 个部委联合发布《加大力度推动社会领域公共服务补短板强弱项提质量 促进形成强大国内市场的行动方案》，明确将推进义务教育均衡发展作为行动任务之一，提出下一步巩固基本均衡发展成果，稳步推进县域义务教育优质均衡发展，到 2022 年全面实现全国县域义务教育基本均衡发展，约 20% 的县（市、区）实现义务教育优质均衡发展。

（三）义务教育均衡发展的基本成果：从"有学上"到"上好学"

党的十八大以来，我国着力提升农村学校和薄弱学校办学水平，全面提高义务教育质量，努力实现所有适龄儿童少年"上好学"，在推进义务教育均衡发展的道路上迈出了坚实的步伐。第一，通过政策倾斜托底，解决乡村教育薄弱问题。2015 年，国务院办公厅印发《乡村教师支持计划（2015—2020 年）》（国办发〔2015〕43 号），通过八个方面提高乡村教师待遇。2018 年，中央财政教育转移支付增加到 3067 亿元，80% 用于中西部农村和贫困地区。在农村义务教育薄弱学校改造计划中，全国 832 个贫困县的 10.3 万所义务教育学校办学条件达到"底线要求"，占 94.7%。第二，疏堵结合，消除"大班额"问题。2016 年，国务院印发《关于统筹推进县域内城乡义务教育一体化改革发展的若干意见》，城乡统一的学校建设、教师编制、生均公用经费基准定额标准正在落实，"两免一补"政策也实现了全覆盖。全国范围内，2017 年义务教育大班额比例下降幅度为10.1%、超大班额比例下降 2.4%，相比 2015 年，全国大班额数量减少 25%，超大班额数量减少 50%。第三，缩小校际差距，缓解"择校焦虑"问题。近年来，在就近入学的原则指导下，优质校合并普通校、"多校划片"等举措，正在有效缓解"择校焦虑"。自 2013 年国家启动义务教育发展基本均衡县（市、区）督导评估工作以来，全国有 2379 个县义务教育发展实现基本均衡，占全国总县数的81%。上海、北京、天津、江苏、浙江、广东、福建、吉林、安徽、山东、湖北等 11 个省（市）整体通过评估。随着教育体制机制改革推进，优质均衡发展的新格局不断拓展。

二、上海市推进义务教育优质均衡发展的具体探索

（一）上海市不断推进义务教育从基本均衡化向优质均衡化发展

上海市委、市政府和市教委始终将义务教育均衡发展作为优先决策咨询事项。早在 2004 年，上海市教委就向全社会发布相关重大决策咨询招标课题，并在当年的市教育工作会议上进行了重点讨论。经过十余年努力，到 2014 年，国家督导检查组认定上海市 17 个县、区已达到国家规定的义务教育发展基本均衡县、区标准，基本实现了"让所有孩子获得公平、高质量教育"的教育目标。事实上，上海市义务教育发展早已不再满足于基本均衡的发展目标，已经走在了义务教育高位均衡发展的实践道路上，这一切与上海市城乡义务教育一体化发展有着紧密的联系。因为上海市一直坚信城乡义务教育一体化发展是实现城乡义务教育高位均衡发展的重要途径，只有深入推进城乡之间优质教育资源的共享，才能实现义务教育的高位均衡。[1]

（二）上海市义务教育实现从外延式差异化到内涵式均衡化发展

20 世纪 90 年代以来，上海市实施了学校标准化建设工程、实验校更新工程、

[1] 张胜利，丁娟，平和光.城乡义务教育高位均衡发展模式探析——上海市城乡义务教育一体化发展的路径及启示［J］.教育理论与实践，2016，36（34）：27–31.

加强初中建设工程、大型寄宿制高中建设工程和学校信息化工程等，这些工程使得教育条件和设施得到了极大改善，外延式差异已经基本得到解决。现阶段，上海市义务教育正处于内涵式质量均衡发展阶段，主要任务是缩小内涵式差异。均衡发展的总体思路是要从低均衡发展阶段的经济发展逻辑转向教育逻辑，从关注外在的"物"转向"人"的发展，从注重输入转向注重输出，从注重学校标准化建设转向学校办学质量的提高。上海市教育委员会颁布《关于实施百所公办初中强校工程的意见》，决定实施百所公办初中强校工程。2019 年 3 月 22 日，上海市召开教育大会，全面部署实施国家和上海教育现代化 2035，动员全市上下为加快推进上海教育现代化、办好人民满意的教育而努力。

（三）上海市义务教育均衡发展的基本成果

自 2010 年上海市教育委员会承担国家教育体制改革试点项目"改革义务教育教学质量综合评价办法"以来，上海市义务教育均衡发展建设不断向前推进。2011 年，上海市教育委员会在与教育部基础教育课程教材发展中心进行前期合作的基础上，共同研究、提炼出了一系列影响学生学业质量的关键因素，如学习动力、师生关系、学习负担等，构建了以关注学生健康成长为核心价值追求的上海市中小学学业质量绿色指标。依据"绿色指标"，上海连续两年组织了学业质量综合评价，产生了积极广泛的影响，成为上海基础教育转型发展的一个亮点，并被教育部向全国推广。2014 年，上海的"绿色指标"综合评价工作进入了全面自主化的新阶段，建立了从测试框架研制、测试工具研发、测试组织、网络评卷、数据处理、报告生成、分析反馈等一系列评价工作的程序和制度，保证了整个评价工作的顺利进行。2015 年，上海的"绿色指标"综合评价在原有的评价指标框架下又增加调查了教师的工作感受及家长对学校教育感受情况。此外，在评价指标的精准度上又做了细化研究，如将学业负担指数中的校外补课细分为"文化课补课"与"兴趣班"两种情形，增强问题的指向性。2018 年，为深入贯彻落实党的十九大精神，根据《教育部关于全面深化课程改革落实立德树人根本任务的意见》《关于深化教育体制机制改革的意见》《义务教育学校管理标准》《上海市基础教育改革和发展"十三五"规划》等相关文件要求，顺应国家和上海教育改革的新形势，借鉴国际教育质量评价改革经验，修订完善绿色指标评价内容。目前，上海市已形成了包含学业水平、身心健康、品德和社会化行为、学习动力、对学校认同度、学业负担与压力、教师课程领导力、校长课程领导力、教育公平、跨时间发展变化十大指标的"绿色指标 2.0"义务教育均衡发展评价办法。

三、国内外关于义务教育均衡发展的研究综述

随着对基础教育重要性的认识程度不断深化，学界对义务教育均衡发展的研究愈加重视，研究成果日渐丰富，为进一步研究的开展提供了理论基础。

（一）国内研究现状梳理总结

1. 教育均衡发展的理论探讨

学界对教育均衡发展内涵的理解，主要是从地区间、城乡间、校际间、校内不同群体间等问题着手，内容涉及受教育者的权利保障、教育的民主与公平问题。于建福提出了教育均衡的三层含义，既要确保受教育的权利与义务，又要提供相对公平的受教育机会和条件，还应关注教育成功机会与效果的相对均衡。[①]翟博认为教育均衡发展实质上是教育机构和受教育者在教育活动中有追求平等待遇的理想和确保其实际操作的教育政策和法律制度，教育均衡发展的本质是追求教育平等，实现教育公平。[②]范国睿认为，在保障受教育者在投入总量既定的前提下，应从注重外部资源投入的外延式发展向注重挖掘内部潜力与教学过程改进的内涵式发展转变。[③]郭献文认为基础教育资源配置的优质均衡是以提质为目标的高位均衡，既要保均衡，又要兼顾优质，以最终达到均衡发展和优质发展的统一。[④]叶上雄认为公平优质教育是一个整体概念，要强调共享优质教育资源，提倡全社会按具体客观的教育规律办学育人，以确保在整个教育过程中实现公平、

---

① 于建福.教育均衡发展：一种有待普遍确立的教育理念［J］.教育研究，2002（2）：10–13.

② 翟博.教育均衡发展：理论、指标及测算方法［J］.教育研究，2006（3）：16–28.

③ 范国睿，李树峰.内涵发展：教育均衡发展的新趋向［J］.上海教育科研，2007（7）：14–17.

④ 郭献文.寻找适合每个学生发展的教育之路——福建省厦门市推进基础教育优质均衡发展的实践与探索［J］.中国教师，2018（1）：99–102.

公正对待学生。①

综上，随着理论的深入与实践的逐步推进，教育均衡发展在目标、思路、方式、价值维度方面发生了转变：在教育资源均衡的基础上提出优质均衡、高位均衡的理念；从关注资源配置均等化的外延式发展向注重个体差异化均衡的内涵式发展转变；从最初模糊的概念性均衡逐步向通过构建指标体系指导实践的标准性均衡转变；反思撤点并校等举措引发侧重效率式均衡的局限性，逐步向关注实施过程的以人为本与公平性转变。

2. 教育资源配置不均衡状况的研究

教育资源的合理配置是实现教育均衡发展的核心要素，但现实层面存在东、中、西部区域间经费分配不均，重点校与普通校支持力度不同的校际差距。②同时，由于社会阶层的不断分化，处于中上层的社会群体凭借自身社会、经济资本，通过择校的方式加剧了教育资源配置的不公，出现了不同社会群体的阶层差距。③张家军认为，受目标价值"效率优先"、政策导向"城市优先"、教育对象"精英优先"的影响，基础教育资源配置存在着显性资源"城市优先"、隐性资源"城市取向"的不公现象。④凡勇昆等人的研究发现教师资源存在农村学校缺编，师班比差异显著；财力资源存在绩效工资城乡间逐渐降低趋势；物力资源存在生均用地城乡间逐级增大趋势；校均多媒体套数呈现城乡间逐级降低趋势，中西部城乡差异显著。⑤

3. 推进教育均衡发展解决的策略研究

教育资源是教育投入、人力配置、物力供给和机制完善等因素的综合反映。针对现存资源配置不均问题，学者们给出了不同的对策建议。首先，财力资源上，强化政府责任，加大政府支持力度，明确政府的投资主体身份，通过补偿性

① 叶上雄. 关于公平优质教育的思考［J］. 教育科学论坛，2018（11）：3–7.
② 李星云. 论我国义务教育资源的公平配置［J］. 江海学刊，2006（6）：117–120.
③ 陈友华，方长春. 社会分层与教育分流——一项对义务教育阶段"划区就近入学"等制度安排公平性的实证研究［J］. 江苏社会科学，2007（1）：229–235.
④ 张家军，靳玉乐. 基础教育资源配置的伦理思考［J］. 中国教育学刊，2010（10）：24–27.
⑤ 凡勇昆，邬志辉. 我国城乡义务教育资源均衡发展研究报告——基于东、中、西部8省17个区（市、县）的实地调查分析［J］. 教育研究，2014，35（11）：32–44，83.

政策倾斜和省级经费统筹力度，保障教育经费足额到账、公平使用。其次，教师资源上，增加教师编制存量便于农村教师获得培训机会以提升整体素质，同时提高农村教师工资待遇；① 实现优质教师资源补偿，通过自主流动与行政指令相结合的方式，推行优质教师资源在区域、城乡、学校间的流动，并制定相应法律法规保证教师流动的长效性与持续性，促进动态平衡。② 最后，在物力资源上，一是合理规划与调整学校布局。政府应合理预测留守儿童、随迁子女人口流动新趋势，加强统筹，挖掘城市学校潜力，可参照西方"教育券"或义务教育凭证制度，合理规划与设置学校，方便适龄儿童少年就近入学；③ 具体可通过"名校集团化""小班化教育""名校西进"等举措推进学校布局调整。④ 二是扶持并改善薄弱学校。薄弱学校的改进既需要借助行政的力量，也需要薄弱学校的自我担当：树立主动理念消除"薄弱意识"；注重建设师生、学校与家庭的合作信任文化；⑤ 科学定位政府角色、明确自我改进的使命；加强校本课程开发，突出办学优势与特色。⑥ 三是以信息技术带动资源共享。学者们普遍认为在互联网＋、**MOOCs**、大数据背景下，可通过"同步互动、互助混合课程""同步直播课堂"等途径⑦，构建"学习空间人人通""机构空间校校通"等服务⑧，探索校际联动模式的可行性

---

① 凡勇昆，邬志辉.我国城乡义务教育资源均衡发展研究报告——基于东、中、西部8省17个区（市、县）的实地调查分析［J］.教育研究，2014，35（11）：32–44，83.

② 吴玲，刘玉安.我国基础教育资源配置问题研究［J］.中国行政管理，2012（2）：64–67.

③ 张旸，祁占勇.论西部农村义务教育优质资源的均衡发展［J］.中国教育学刊，2010（8）：20–22.

④ 陈云龙，卞艺杰.统筹优质教育资源促进教育均衡发展［J］.中国教育学刊，2008（7）：16–19.

⑤ 周兴国.薄弱学校改进的困境与出路：制度分析理论的视角［J］.教育发展研究，2010，30（4）：6–9.

⑥ 姚永强，范先佐.内生发展：薄弱学校改造路径选择［J］.中国教育学刊，2013（4）：37–40.

⑦ 周玉霞，朱云东，刘洁，等.同步直播课堂解决教育均衡问题的研究［J］.电化教育研究，2015，36（3）：52–57.

⑧ 高铁刚.信息技术提升义务教育均衡发展水平的现状、问题与对策［J］.中国电化教育，2015（2）：1–6.

经验，促进校际融通和资源共享，实现区域教育的优质均衡发展。

（二）国外研究现状梳理总结

课题组梳理总结了国外义务教育均衡发展的一些经验，以期为我们研究实现义务教育优质均衡发展提供一定的理论和实践参考。

1. 健全法律法规，完善制度保障

各国政府普遍认为解决国家教育发展失衡问题的关键在政策，核心在立法，纷纷制定法律为教育均衡发展提供法律保障，如美国《每一个学生成功法案》代替《不让一个孩子掉队法案》，要求各州改善本州5%最困难的学校、辍学率高的高中学校以及那些一直表现不佳的学校的学生学习，确保所有学生都达到目标。其他还有日本的《偏僻地方教育振兴法》、印度的《国家教育政策》、巴西的《全国教育方针和基础法》等。有研究对中美促进义务教育均衡发展的政策进行比较发现：美国以强制性和连续性的教育立法为保障，而我国教育立法相对薄弱且执行力较弱。[①] 对此，我国需建立并完善从上到下的法律体系，以政策为依托，以法律为保障，走"依法治教"的道路。

2. 强化政府责任，健全财政保障

纵观各国经验，凡教育均衡发展卓有成效的国家，普遍强调政府责任，重视发挥中央统筹规划作用，充分调动地方及非政府组织的积极性。同时，各国都在尝试建立适合本国的教育财政转移支付制度。法国的投资体制完成了从市镇负责向以中央承担70%义务教育经费的转变；印度的基础教育经费由中央和邦共同承担，以邦为主，基层地方政府基本不承担责任；美国自20世纪70年代后基础教育投资主体逐渐上移，州政府取代地方学区成为主要投资者，以此促进学区教育均衡。近几年，为弥补区域间教育经费不均衡，美国采取联邦、州两级政府的转移支付模式，呈现出义务教育财政支出中央化趋势。[②] 相比较美国，我国过于分散的义务教育财政转移支付模式不够完善，有必要在保证国家财政性教育经费

[①] 李楠.中美义务教育均衡的政策比较[J].河北师范大学学报（教育科学版），2011，13（6）：12–15.

[②] 孙启林，孔锴.全球化视域下的基础教育均衡发展[J].比较教育研究，2005（12）：24–30.

支出持续增长的同时加大省级政府对义务教育经费的投入比例，尽快建立科学合理、适合我国国情的财政保障制度。①

3. 健全补偿机制，扶持弱势群体

受经济发展不平衡，种族、语言、宗教等社会问题影响，各国不可避免地存在不同属性的弱势群体。对弱势群体和地区的扶持措施，是各国政府关注的核心问题。法国政府对贫困地区的教育扶持政策主要有：通过"教育优先区"，在学业失败率最高的区域实施特殊教育政策；"统一的教师流动制度"，纠正师资不均衡现象以保障师资水平相对平等；"学区松绑"政策赋予家长教育选择权，以缓解"学区布局图"制度带来的新的教育不公；对弱势群体的扶持主要通过建立辅导制度和设置教育成功个人项目以帮助学习困难儿童走向成功来实现。② 在德国，主要通过兼顾教育起点、过程、结果均衡的措施，保障来自社会下层家庭及移民家庭子女等弱势群体的受教育权利，具体措施有：提供各类资金援助；引入"小学入学诊断"了解学生特点，开展个性化辅导；为具有移民背景的儿童和青少年提供语言帮助并在其集中的学校开展双语课程。③ 英国的"以教为先"、美国的"美国教育行动"等非政府教育组织，通过招募优秀毕业生到薄弱学校"支教"来改变弱势群体的教育劣势。④ 印度长久以来的种姓制度及性别歧视造成国内存在大量处境不利的弱势群体，为缓解矛盾维护社会稳定，印度政府先后通过提供免费教科书、强化书本银行、改善学校图书馆、提供多种社会服务课程及合作课程、"保留配额"、关注女童教育等福利计划和项目来促进教育均衡发展。⑤ 各国

---

① 李楠.中美义务教育均衡的政策比较［J］.河北师范大学学报（教育科学版），2011，13（6）：12–15.

② 常宝宁.法国义务教育扶持政策与我国教育均衡发展的政策选择［J］.比较教育研究，2015，37（4）：33–38.

③ 孙进.德国促进基础教育均衡发展的政策分析［J］.教育发展研究，2012，32（7）：68–73.

④ 陈法宝.促进教育均衡发展的另一种力量：非政府教育组织——以英国"以教为先"为例［J］.外国教育研究，2013，40（10）：102–108.

⑤ 孔令帅.发展中国家大都市基础教育均衡发展中的政府作用——以印度德里为例［J］.外国教育研究，2011，38（3）：24–28.

在义务教育均衡化发展过程中，都较为注重对弱势群体和义务教育薄弱环节的关注和强化，尝试通过资源倾斜、优势扶持弱势等方法补齐教育短板，提升义务教育整体质量，这对于本课题开展强校工程研究有一定的借鉴作用。

Contents | 目　录

西田三元制：从"邻居"到"合伙人"再到"共同体"

第一章

我们认为强校工程的关键是实现从"你是你，我是我"的相对独立状态和"你中有我，我中有你"的表面合伙状态到"你就是我，我就是你"的深层次融合状态，从地缘上的"邻居"到工作上的"合伙人"，最终成为发展上的"共同体"。

——金琪

我们开展强校工程的目的是每一个学生健康快乐成长，积极挖掘学校办学内在动力，落实立德树人根本任务，不断提高教育教学质量，努力办成百姓家门口的好初中。

——王卫珍

党的十八大以来，在以习近平同志为核心的党中央坚强领导下，中国教育由大到强，着力促进教育公平，提升教育质量，加快推进教育现代化，建设教育强国，办好人民满意的教育。党的二十大报告指出："坚持以人民为中心发展教育，加快建设高质量教育体系，发展素质教育，促进教育公平。"这为当前和今后一个时期我国教育改革发展指明了方向，教育的中国特色更加鲜明，教育面貌正在发生格局性变化。树立科学的教育质量观，打造公平而有质量的教育是新时代中国基础教育改革发展的重要价值追求。对于北京、上海等特大型城市而言，抓好义务教育均衡发展的重要举措就在于推进优势学校与普通学校的协同发展。为了实现这样的价值追求，上海提出了"办好每一所学校、成就每一名教师、教好每一位学生"的基础教育发展理念，并于 2018 年 7 月起制定实施《关于实施百所公办初中强校工程的意见》。强校工程是贯彻落实习近平新时代中国特色社会主义思想和党的十九大精神，打造公平而有质量教育的有效手段，是回应人民群众对美好教育需求的重要举措，也是区域层面推动教育品质提升的创造性设计。

回溯教育改革发展历史，特别是近年来的基础教育改革，不同发展水平学校作为地缘上的"邻居"，为提升教育质量而相互开展的合作越来越常见，越来越普遍。但是在传统的合作模式中，作为"合伙人"的两类学校却存在着鲜明的地位和角色差异：支援校多从帮扶角度出发，致力于优质经验的单维度输出辐射；实验校多处于被动接受地位，在合作中很难保障有相应的话语权和建构权，两者地位的不平等深刻影响了强校工程实施的实效性和持久性。

强校工程作为一项促进教育均衡发展的系统性顶层设计，关键问题就是如何更好地实现义务教育均衡发展。在外部的政策保障形成之后，真正决定实施成效的必然是支援校和实验校基于共同目标的通力合作以及在这种合作过程中探索形成的有效实践路径。从地缘上的"邻居"到传统的"合伙人"模式，我们有必要跳出现有的理论框架，从新的视角梳理和探索支撑强校工程运行的新理念。数年来，围绕市、区的整体顶层设计，西南位育中学和田林第二中学进行了深入有效的探索和实践，通过精准剖析学校发展的优势和不足，科学设计强校工程整体规划，建构多维度、立体式的帮扶支持体系等，聚焦如何推进教育资源均衡发展的具体问题，探索基于发展共同体的公办初中强校的长效机制，将理论研究与实践研究有机结合，基于学校发展的顶层设计、愿景构筑探索"西田三元制"强校模式的建设与实施，实现了两所学校从"合伙人"到"共同体"的跨越。通过围绕"一体两翼"主线，形成以队伍为核心、制度为保障、课程为载体的科学机制，促进学校内生动力生成，从而形成机制探索下的完整案例，提炼"强校工程"下组建学校共同体共同提升的经验，为学区化、集团化、托管等教育模式提供借鉴，展现了强校工程的强大生命力与现实影响力。

◀ 第1节 ▶
牵引与注入，用好紧密型学区中的民办教育旗帜

民办教育是我国社会主义教育事业的重要组成部分，民办中小学是民办教育事业的重要力量。近年来，徐汇区基础教育加快优质均衡发展的步伐，积极推进义务教育学区化、集团化办学，以强校工程为契机，在集团化办学过程中有效牵引学区内民办中学的优质资源，挖掘高水平的课程、理念、管理、评价体系等，全方位地为公办初中注入新的力量和活力，充分体现了紧密型学区集团内学校间的资源共享、师资打通以及民办教育优质品牌的带动效应，"共生、共振、共鸣、共赢"的学区一体化理念深入人心。

西南位育中学作为徐汇区重要的民办优质教育资源，创办于1993年，2005年转制为民办完全中学。作为徐汇区创办最早的转制学校，西南位育中学在积极探索市场经济条件下民办完全中学教育经验的过程中，不断提升学校工作科学化水平，办好人民满意的教育，把立德树人作为教育的根本任务，保证了民办教

育成为民族振兴和社会进步的基石。党的十八大以来，学校党委充分认识到民办学校党建工作组织建设的重要性，切实发挥政治核心作用，形成了一条与党的二十大精神高度契合的民办学校创新之路。历时二十余年，西南位育中学无论从规模上还是内涵上均有较大发展，同时也是田林虹梅学区主任单位、徐汇区完中教育集团主任单位。根据《关于实施百所公办初中强校工程的意见》中"鼓励优质民办学校托管，采取'一带一''一带二'等方式集中优势资源全方位支持'实验校'建设"的要求，西南位育中学作为支援校与田林第二中学形成帮扶结对。

一、作为"好邻居"的支援校，西南位育中学探索如何用足自身特色优质资源做好"发展牵引"

（一）起始点是明确培育定位，为引领实验校发展方向打下良好基础

教育要发展，理念应先行。西南位育中学作为上海市徐汇区最早创办的转制学校，围绕"中和位育"的办学思想指导，倡导"高雅、务实"校风，初步形成了学校文化的内核，并在实践中不断优化校风、学风、教风，营造良好的校园风尚。学校办学理念以国家教育方针和素质要求为基准，以人为本，促进学生"德智体美劳"全面发展，根据25年办学经验，可概括为一个宗旨、两个关注、三个基础。一个宗旨：一切为了学生一生幸福着想，一切为了学生终身发展奠基。两个关注：关注每个教师的发展方向；关注每个学生的成长轨迹。三个基础：身心健康的基础；终身学习的基础；走向社会的基础。学校以建设品位高雅、文化厚植、特色鲜明的卓越品牌完全中学为办学目标，以"五个一"为学生培养目标：一个打上民族底色和拥有国际视野的现代人；一个养成健身习惯和乐观自信的健康人；一个拥有高雅气质和诚信坚毅的文明人；一个善于交流合作和仁爱笃行的社会人；一个培育志趣乐学和质疑求索的智慧人。这一理念不仅在学校领导层面扎根，更在全体教师身体力行中形成共识，真正成为学校全面推动素质教育的灵魂。

（二）立足点是丰富教育资源，为帮扶带动实验校建设提供全面支撑

1. 师资力量配备合理，学校管理架构明晰

师资力量方面，学校校长和书记均为特级校长、中学高级职称，均经历三个

及以上领导岗位，业务素质强；领导班子成员老中青结合，年龄结构合理，文理科兼具。中层干部 12 人，分布在三个校区的各部门，均为中学一级及以上职称，其中特级教师 1 名，高级职称占半数以上，文理学科分布均衡，区级及以上骨干教师占比 100%，党员占比 91.67%。初中师生比为 1：12.8，教师年龄结构合理，中学一级及以上职称占比 53%，均是本科及以上学历（其中硕士研究生占 34%）；每百名学生拥有体育、艺术专任教师 1.1 人以上，每百名学生拥有区级以上骨干教师数 1 人以上。学校近年来在沪参加中考的学生升入市重点、区重点和普通高中的比例稳中有升；现有初中学生数 2043 人，初中各班级学生数 40 人左右；生均图书 27.9 册，报刊种类 214 种。

管理方面，学校实行董事会领导下的校长任期制与负责制，董事会与校长职责分工明确。现在，每年召开两次董事会议，审议学校工作与账务收支情况，重大基建上报董事会审议，招生双向沟通协调，对日常校务不主张、不干预，尊重学校自主发展，并力所能及给予一定支持，较好做到"把学校还给学校"，形成良性决策机制。学校产权明晰、合法，证照齐全，手续完备；经费来源合法、稳定；收费、退费严格执行国家有关规定；有足够资金保证学校正常运转和持续发展；学校近三年的生均教育经费、生均公用经费逐年有所增长。

2. 持续升级办学条件，不断提升办学品质

西南位育中学以"一切为学生一生幸福着想，一切为学生终身发展奠基"为办学宗旨，关注每个学生成长轨迹，关注每个教师发展方向，努力为每个学生打下"身心健康、终身学习和走上社会"的三个基础，把"凝练中和位育学校文化，激发每个学生成长自觉"确定为特色化办学的战略目标。历经 20 余年的发展，西南位育中学已成为拥有三个校区，国内、国际部 83 个教学班，3500 余名师生的较大民办完中，成为徐汇区重要的优质教育资源。学校拥有计算机房，语音室，音乐室，美术室，理、化、生实验室，600 多平方米的图书阅览室和现代化的多功能的电化室等 24 间专用教室，现代化多媒体教学设备配备至各个教室。校园文化建设方面，学校以"文化立校"为发展之本，将"以文化人"作为队伍建设第一要务。坚守 20 年中华优秀传统文化熏陶已成为立德树人的一面鲜艳旗帜，彰显了文化浸润、价值引领的现代教育理念。让"中和位育"丰富的哲

学内涵与人文精神逐步走进师生心里，融于日常行动之中，从而创设了高雅、温馨的校园人际氛围，为学生成长提供了一片沃土，为教师发展营造了良好的生态环境。

近年来，学校荣获科技、信息奥赛及学科竞赛各级奖项近 2700 人次，不乏国际、国家级大奖。28 位学生先后荣获上海市"明日科技之星""科技希望之星"称号，16 位学生获"光启区长奖"，30 多位学生获"上海市创新大赛"一至三等奖。冠名"西南位育杯"的市区级比赛有 6 个，分别是桥牌锦标赛、机器人知识与实践比赛、信息学奥赛、中学生时政竞赛、高中英语辩论赛、中学生网球公开赛。在不同学科、不同领域，西南位育中学的学子都取得了自己的成就。

学校被评为上海市中小学行为规范示范校、上海市依法治校示范校、上海市学生阳光体育运动先进学校、首批上海市生态文化学校、上海市书香校园基地学校、上海市文明单位（文明校园）；荣获教育部第一批"全国学校体育工作示范学校"、国家级首批"青少年法治教育协同创新中心实验校""全国优秀民办中小学""全国民办中小学办学特色示范学校"等称号；首批通过国际与跨地区鉴证委员会（CITA）鉴证。

3. 整合校外教育资源，开展创新教育

学校通过智慧合成、特色并呈、协同发展、互相借鉴、研训联动、资源共享等，牵头整合校外资源服务于学生的全面发展，形成区域学生理想信念教育的整体效应和区域性特色。目前，已在田林虹梅学区牵头成立了腾讯上海、上海核工业研究院等 10 个"少年创客教育基地"，并邀请上海环境科学研究院朱江博士、上海市隧道工程轨道交通设计院单宁老师等 20 位专业技术骨干签约成为学区创客导师。学校党委与中国科学院有机所、生化所等四个单位签订了精神文明共建协议，让学生能够走进院所实验室开展课题研究，也让相关学科教师进一步了解跟踪最新学科前沿动态。学校党委还与虹梅街道合作，开展"走进漕开发"活动，这一切让创新教育有了切实的抓手。

4. 打造协同合作机制，实施协同合作项目

一是学校参与组织成立由区教育局、田林虹梅社区和学区内各学校领导组成的协同项目实施领导委员会，同时根据工作需要建构中小学协同机制、家校协同

机制、社区社会协同机制和项目实施展示研讨机制四大运行机制。二是依托该联合体，"田林—虹梅"学区举办历时一个月的"沐浴新时代的阳光——成长节活动"，从"爱祖国、爱家乡——理想信念教育调研""德润田林讨论会"等四项活动入手，在增强学区一体化的同时，加强学生对社会主义先进文化的理解和认知。三是学校通过设立学区特色基地和校外教育基地，共同开发节日精品课程，跨校开设选修课程，实现区域共享课程的合作开发、教育资源的联合共享。例如开展国家级非遗文化项目——"上海剪纸"教学，与市有机所合作开设"魅力有机化学"科普拓展课程等。四是在队伍建设方面通过组建育人共同体、启动"骨干教师助飞计划"、开发教学资源库等方式，实现区域教育师资的共同研修等。

通过20余年的求索与积淀，学校已形成一批在校内外具有较大影响力的特色项目与发展平台。

四大特色项目
- （1）弘扬工程
  ——弘扬中华传统文化、培育时代新人系列教育
- （2）外语特色
  ——以双本、双翼、双语为特色的外语教学
- （3）两康工程
  ——以男篮女排、男力女形为主体的两康工程
- （4）科技特色
  ——以机器人与信息技术为主干的科技创新活动

八大发展平台
- （1）课内外结合的学生社团活动
- （2）培养学生领袖骨干群体系列活动
- （3）以需求为导向的拓展性校本课程
- （4）由月主题引领的校园文化活动系列
- （5）以提高问题意识为中心的探究性学习平台
- （6）初高中联动的第二外语选修课程
- （7）以辩论赛、课本剧、课前演讲为主线的口才训练活动
- （8）以社区与基地为主阵地的社会实践活动

（三）落脚点是突出校本特色，为带动实验校培育特色提供坚实保障

西南位育中学以"立德树人"为建校兴校的根本任务，扎根中华优秀文化传统，以"致中和，天地位焉，万物育焉"校名释义为起点，把"中和位育"作为办学理念之渊、管理之基、方法之据，把"凝练中和位育学校文化，激发每个学生成长自觉"作为西南位育中学最大的办学优势与亮点，促进学生的健康成长。

1. 课程教学目标立体化，全方位滋养心田

学校以中华传统文化中的和谐教育思想作为思想渊源，提出了培养"一个打上民族底色和国际视野的现代人"的德育目标，并不断丰富其内涵。围绕"民族底色"，根据青少年的身心发展需要，对中华优秀传统文化进行萃取，使之具备现代价值，为青少年打牢中华优秀传统文化的价值理念根基，使中华优秀传统思想精神融入血脉，达到滋润滋养学生心田的目的。

2. 课程教学内容序列化，分年级浸润熏陶

在中华优秀传统文化教育的内容上，学校经过反复微调与磨合，以学生需求、年级特点为逻辑起点，构建了以年级为单位、初高中衔接、整体设计、各有主题、凸显层次、相互渗透、动态递进的系列化中华传统文化教育课程体系。

表1-1　中华传统文化教育课程目标

内容	年级	分层目标	传统美德教育内容	总目标
弘扬传统美德，培育时代新人	预初年级	孝敬谦恭——爱从这里起步	孝敬父母、尊师重道、谦虚礼貌	修炼健康性格，培育高尚人格
	初一年级	发愤乐学——树立正确苦乐观	立志勤学、团结友爱	
	初二年级	奋斗自立——迈好青春第一步	勤奋节俭、求索创新	
	初三年级	敬业自强——做最好的自己	敬业尽责、自强不息	
	高一年级	定位立志——站在人生新的起跑线上	诚实守信、爱国爱民	
	高二年级	挫折磨炼——成才的最好学校	人贵有耻、整洁健身	
	高三年级	学会负责——做一个堂堂正正的中国人	严己宽人、清正廉洁、天下为公	

在各年级课程目标确定的基础上，学校还对内容进一步纳新与完备，实现大主题不断完善、小德目不断细化。例如预初年级，既有"孝敬谦恭"大主题，还

分解设计了知恩、感恩、报恩等小德目；针对初一年级"发愤乐学"大主题，设计了知学、善学和乐学等小德目。

此外，学校开发了《五常新说》、初高中《古文选编》等校本教材，设计了"读家信、写家信""红红中国节""家长榜样寻访""礼仪修身""人文大讲堂"等系列化德育实践课程，使每位学子都能够很好地接受中华优秀传统文化的浸润和熏陶。例如作为校团委的负责人，西南位育中学时任团支部书记的陶泽成同学在学习了中华优秀传统文化的精华——仁义礼智信的"五常"之后，和团支部几位热爱文学的团员一起商量创办了微信公众号"墨客"，协助年级组完成了主题教学活动；同时还计划在校外开展"边城"系列线下活动，为革命老区、贫困山区的孩子们送去原创文学的温暖，在他所在班级全体同学的帮助下，这股"仁爱"之风刮进了大别山区。

3. 课程教学方法主体化，有感悟更见行动

学校尝试用"近、小、实、亲"的和谐德育方式教育人，达成学生内外部诸要素的整体和谐互动，在教育方法上体现学生主体化，主要进行两个方面的探索和转变。一是从灌输到对话。力求创设贴近学生真实生活的情景，通过讨论、演讲、辩论等，聚焦社会热点事件、热点话题和案例，增强学生辨别是非的能力；通过"大道行思""我思故我在""明德小语""思录园"等"无声课堂"，提升对道德两难问题的思辨能力。二是从感悟到行动。如设计"城市探宝""我秀我精彩""离校仪式""走石子路"等实践体验活动，把道德认知深化为道德实践；通过"志愿者服务""月主题""长假社会调研"等活动，使学生在践行中提升对中华传统文化的认识和运用。

二、作为"合伙人"双主体，西南位育中学和田林第二中学合力探寻"如何注入"才能构建"学校共同体"

（一）明确携手共进理念，两校共商"学校共同体"内涵与定位

共同体在《现代汉语词典》（第7版）中的解释是"人们在共同的条件下结成的集体"。托马斯·J.萨乔万尼（Thomas J. Sergiovanni）在《校长学：一种反思性实践观》中认为"共同体是人们的集合体，这些人之所以集合起来，是因为他

们承担着共同的义务，共享共同的思想和价值观"。他把学校理解为学习共同体、关怀的共同体、全纳的共同体、探究的共同体以及道德共同体、关系共同体、思想精神共同体等。按照美国教育管理学家萨乔万尼的理解，共同体是一种受社会盟约支配的关系，共同体中的人们拥有共同的价值取向，从而形成一种联系。基于这种联系，共同体的成员可以内化彼此的角色、责任、义务以及共同形式。由此可见，组建"学校共同体"是不同学校之间共享经验、优势发挥、协同发展的有效途径。两个学校校情、学情都不同，有各自的优势和劣势，组建"共同体"有助于在两校之间建立共同的发展愿景，搭建平台，分享经验。

如果仅是基于"帮扶"的强校工程，会让接受支援的学校有被"救济"之感，会产生心理上的排斥情绪；也会让支援学校有只付出无回报的厌烦情绪，从而存在作为任务消极完成的懈怠感。因此，强校工程要建构的学校共同体，需要基于共同体的理念，在地位平等、相互探究、相互沟通、相互依存的基础上，以共同体的视角，牵引和撬动民办教育优质资源，以融合、辐射的形式将优质教育理念和资源注入公办初中，从管理、师资、课程等方面建构新的"学校共同体"生态。

（二）树立均衡发展理念，两校探索打造"学校共同体"新生态

"均衡"在经济学中是经济学家从物理学中借鉴并发展出来的一个概念，最直接的含义是"力量的平衡"。均衡发展意在"平衡发展"或"均等发展"。义务教育属于政府供给公共服务的一部分，义务教育均衡发展可以理解为政府向社会供给基本的、适合经济社会发展水平的，同时体现公平原则的均等化教育服务。"义务教育均衡发展"在 2005 年《教育部关于进一步推进义务教育均衡发展的若干意见》（教基〔2005〕9 号）一文中正式提出，义务教育工作重心进一步落实到办好每一所学校和关注每一个学生健康成长上来，有效遏制城乡之间、地区之间和学校之间教育差距扩大的势头，积极改善农村学校和城镇薄弱学校的办学条件，逐步实现义务教育的均衡发展。

从政策文件和实践发展中看，义务教育均衡发展的核心是满足人民群众教育需求，导向是促进教育公平和提高国民教育质量，主旨是让每个学生享有公平而有质量的义务教育，层次是从初步均衡到基本均衡再到优质均衡，内容是合理配

置教育资源，全面提升教师整体素质，缩小学校、城乡、区域间教育发展水平的差距，办好每一所学校，教好每一个学生。

西南位育中学和田林第二中学正是基于"优质均衡发展"的理念，在强校工程中聚焦平等合作、共同发展的核心思想，推动各种资源要素的相互转化、相互支撑，形成一个良性互动的全新生态体系，在"问题共诊、文化共润、制度共设、队伍共育、课程共享"中共同创生新的强校工程运行形态。深化"学校共同体"观念，要始终注重以人民对优质教育资源的高度渴求为出发点，以公平理念为支撑的均衡发展诉求为切入点，转换协同机制，改变两校之间被动的"给予"与被动的"获取"的尴尬现状，在顶层设计上确保两校合作的主动性与实效性，形成齐抓共管、合力攻坚的工作氛围；聚焦校与校之间的互助共赢机制建设，着眼于推动以优质民办教育资源注入并带动公办教育水平在基本均衡的起点上向更高水平、更加均衡、更有质量迈进，促使共同体双方相互学习借鉴、相互扶持、相互合作，抱团发展，共同提高。这是两所学校教师的共同愿景和追求。

◀ 第 2 节 ▶
借力与起势，用公办教育筑牢教育公平的中流砥柱

党的十八大以来，我国着力提升农村学校和薄弱学校办学水平，全面提高义务教育质量，努力实现所有适龄儿童少年"上好学"，在推进义务教育均衡发展的道路上迈出了坚实的步伐。党的二十大报告指出，"加快义务教育优质均衡发展和城乡一体化，优化区域教育资源配置"。义务教育均衡发展是党和国家的战略，在新时代中国特色社会主义伟大实践中担当着历史性重要任务，同时也是现阶段社会高度关注的热点和难点问题。初中教育属于义务教育，公办初中承担着教育公平压舱石的作用，确保每一个孩子都能上到家门口的好学校。因此，教育公平既不是迁就后进，更不是抹杀个性，而是要在充分借力优质民办教育资源的同时，全方位推动公办教育做强内功、抬升底部，坚实筑牢教育公平的中流砥

柱，托底义务教育均衡优质发展。徐汇区在推进义务教育均衡发展的过程中多管齐下，全方位落实，在施行公办民办统招、摇号入学政策，实现生源选拔环节均衡发展的同时，也深入落实公办初中"强校工程"，实现教育资源质量的均衡发展，致力于把公办初中办成"家门口的好初中"，带动公办初中全面提升办学水平。

义务教育的均衡发展，归根结底是教育质量的相对均衡。强校工程实验校是在实施强校工程中通过申报或遴选的具有不同办学特点的公办初中，由支援校协助深化教学改革、提升教学水平的实验基地学校。田林第二中学作为与西南位育中学结对的实验校，是创办于 1986 年的公办初级中学，目前学校有 4 个年级、20 个教学班。学校坚持以"创建特色，关爱学生，让每一个学生健康、快乐成长；全面发展，追求卓越，为学生终身发展奠基"为办学思路，全面贯彻党的教育方针，积极推进素质教育；以"面向全体、创建特色"为导向，构建和谐的校园文化，努力培养勇于负责、善于合作、乐于探究、勤于锻炼、精于技艺、全面发展的社会主义事业的建设者和接班人。

一、合伙人关键是"合"，借力强校改革东风，托升教育公平底线

（一）"为所能为"，深化校际融合

"学校共同体"能不能真正建立，很大程度上取决于支援校与实验校的融合程度，磨合得越好，"学校共同体"建设就越能事半功倍。

一是高匹配度决定融合程度。支援校与实验校的匹配不仅仅考虑地缘因素，还需要进行全方位考量。首先是能否形成最佳搭配。西南位育中学与田林第二中学地处同一学区，且西南位育中学是学区的主任单位，彼此信息交流与合作基础好，适合推进初高中一体化管理实践。其次是否拥有支援经验。西南位育中学作为徐汇区紧密型学区和集团化办学建设的先行者、探索者，具有整合发挥"中和位育"深厚的文化底蕴和丰富的现实优势资源的经验，作为学区的主任单位也具有长期对接支持其他学校的经验，助力整个学区办学水平的不断提升。最后是否具有足够的支援能力。西南位育中学作为徐汇区优质民办完中，在教育理念、育人环境、师资队伍、管理方式、培养模式、教育质量、科研氛围、社区参与、国

际交流等方面都具有较为领先的阵容和成果，能够发挥示范作用。

二是角色定位决定融合进度。为推进"学校共同体"全方位的建设，西南位育中学书记流动到实验校，并担任实验校校长，原实验校校长担任常务副校长，增强实验校的领导班子力量。两者只有形成合力，市、区级层面的行政举措才能发挥出"1+1＞2"的效果。因此，校长对自身的角色定位就显得特别重要。实践证明，从支援校流动到实验校担任校长，有助于支援校主人翁意识的凸显，已逐步将西南位育中学的定位从田林第二中学的"帮手"升级为"发展共同体"，明确了双方在强校过程中"学习共同体""研修共同体""实验共同体"的新定位，不仅在理念上取得了重大的突破，而且把理论上两校的高匹配度转换为现实生产力。

三是化学反应决定融合深度。西南位育中学积极参与强校工程，通过与教育局签署协议，明确了物理意义上的紧密联结。而与田林第二中学的深度合作，则是在"学校共同体"领域引发的更多化学反应，甚至是生物学意义上的创生。化学反应意味着挑战和创新，西南位育中学和田林第二中学通过教师柔性流动、联合教研，尝试"交叉型"同课异构研讨的探索，达成了双方教师"易生而教"、追求"有教无类"的目标，形成合力尝试打破支援校和实验校教师原有的教学舒适区，真正实现教的课堂向学的课堂转变。同时，化学反应也意味着机遇，这些成功的化学反应就是田林第二中学未来的增长点，这些增长点通过学校的及时总结、提炼，为日后达成可观察、可检测、可复制、可推广的强校案例提供了无限可能。

（二）"助所能助"，强化专家指导

"学校共同体"能不能优化发展，除了两所学校的探索和磨合之外，还需要专家的把脉开方，只有准确问诊，才能对症下药。

一是精准诊断。两校磨合伊始，邀请教育局强校工程专家指导团针对两校校情、教情、学情进行针对性"把脉"分析。管理专家组从顶层设计层面，把握阻碍学校内涵建设的瓶颈问题和关键环节，为实验校提供意见与建议；学科专家组集聚了区域内各学科的资深专家，始终深耕教学一线，最了解实验校的瓶颈，出具各学科详细的调研问诊报告，为"学校共同体"建设夯实基础。

二是搭建平台。强校实施过程中，着力推动将田林第二中学实验校的骨干教师纳入市"双名工程"种子计划、教育局名师工作室等名师名校长孵化基地，运用好市级专门资源进行培育。此外，通过对教研组长、骨干教师、青年教师三个层面开展点面结合的研修活动，以"公开课展示""作业、命题设计指导""基于课程标准的教学与评价""研制学科教学指导手册""建立学科质量保障体系"等具体工作为抓手，搭建田林第二中学教师发展平台，拓宽视野，提升能力，确保实验校的骨干教师强起来；每年定期开展"耘耕西田"教育教学展示研讨活动；邀请各级专家到校指导教师百余次，开展各学科公开课近百节，田林第二中学的各层次教师都得到了广阔的展示舞台。

（三）"配所能配"，优化行政资源

"学校共同体"能不能互利共赢，还依赖于区内行政资源的优化调配和保驾护航。

一是经费保障。根据区域制定的强校工程建设方案，对照优化资源配置和经费扶持机制的要求，区教育局持续加大对强校工程实验校的经费投入，确保了支持实验校项目的经费需要。首先，通过教育局与支援校签约的方式，每年给予每所支援校资金，提供帮扶实验校的经费保障。其次，教育局在绩效工资区域统筹部分划分出一定比例向实验校倾斜，指导各实验校在绩效工资分配上多劳多得、优绩优酬，调动学校教职工的工作积极性。

二是软硬件保障。硬件配备方面，区教育局帮助实验校率先全部建成英语听说测试教室，针对不同学校特点进行校舍改造、创新实验室建设、设施设备更新等方面的升级；软件方面，区教育局设立实验校专项经费，重点支持实验校的内涵建设，满足实验校和支援校在教师培训、实践研究、经验总结、辐射推广、课程教改、队伍建设等方面的需求。

三是评估保障。公办初中强校工程不仅是教育局的重点工作，也是区政府贯彻落实全国教育大会精神的民生工程。区政府教育督导室结合综合发展督导开展对实验校建设推进情况的评估，重点关注包括学业考试水平、绿色指标数据在内的指标变化，对口学生流出率变化，社区居民认可度及学生家长满意度变化等。此外，在学校年度绩效考核中，教育局对实验校实行同级同类、定性和定量相结合的考核方式。加强对学校办学质量和办学特色增值发展的考核，同时对实验校考核结果给予适当倾斜；对于大力推进强校工程建设的实验校、支援校、相关校校长和教师在绩效考核和评优评先方面给予适当倾斜。

二、共同体关键是"体"，精准施策助力起势，巧绘公办实验校画像

（一）"是什么"，实验校特色挖掘提炼

田林第二中学自成为"百所公办学校强校工程"实验校以来，得到了区教育局的大力支持，经市区专家的多次实地调研指导并开设讲座，不断探索挖掘，塑造自身特色。

1. "勇于负责、善于合作、乐于探究、勤于锻炼、精于技艺"的学生培养目标

田林第二中学以"创建特色，关爱学生，让每一个学生健康快乐成长；全面发展，追求卓越，为每一位学生终身发展奠基"办学理念为引领，结合学校校情和学生学情，努力构建有自身特色的学生培养体系，形成"勇于负责、善于合作、乐于探究、勤于锻炼、精于技艺"的培养目标。第一，勇于负责：对自己负责、对家庭负责、对他人负责、对集体负责、对社会负责。第二，善于合作：提高学生合作、分享和善于与他人交往的能力，发展他们与社会和谐相处的品质。第三，乐于探究：提升学生探究的兴趣，培养学生实事求是的科学态度和不断追求新知识的精神，使他们掌握探究的技能，并努力尝试解决新的问题。第四，勤于锻炼：培养学生热爱体育运动，学会健身，养成锻炼身体的良好习惯，具有健康的体魄。第五，精于技艺：发展学生对一门技艺的浓厚兴趣，形成健康的志趣和爱好，陶冶自身的情趣，形成自己的特长。近年来，学校不断充实和完善特色项目的内容和形式，努力完善校本课程建设，推动传统特色项目的不断深化。每学年举行科技节、艺术节、运动会、足球赛、田二杯科普活动，构建科技类、运动类、艺术类三大领域的校本课程体系；每学年设有 20 节以上的拓展型课程供学生自主选择学习，形成积极、健康、向上的文化氛围。总的来说，学校的培养目标注重对学生的协作意识和实践动手能力的培养。

2. 建立"学案—校本作业"一体化的校本作业系统

在教研员的指导下，学校各备课组积极参与徐汇区基于课程标准教学的重点

课题研究，并将基于课程标准的教学理念深入到教学工作的各个环节。校本作业的实践研究既是基于课程标准教学的延伸，也是实现增效减负、提高教学质量的有效方法。针对学校生源特点，学校以校本作业建设为抓手，进行教学改革，关注课堂、关注作业的针对性和有效性，切实减轻学生学业负担，增强学生学习信心，提升学生综合能力。通过教研组、备课组集体讨论制定出适合学校学生的各科作业规范要求，形成一套较为完整的各年级作业题库，初步形成各年级各学科"学案—校本作业"一体化的校本作业系统资源。

3. 开展提升教师命题能力的实践研究

考试命题是检验教学成果的一个关键。命题绝不仅是专家的事，还是教师基本功的重要组成部分，关系到日常教学评价的准确度，关系到教师作业布置是否有效，关系到教师对学生的思维训练是否得当。学校坚持期中、期末考试教师自行命题，但实际执行情况良莠不齐，命题质量不容乐观。因此，学校配套开展了提升教师命题能力的实践研究，通过组织各学科教师学习课程标准，研究教学重难点，研究学科知识框架结构，分析学情，厘清学生学习状况，精准编制双向细目表等方式，提升教师命题所需基本功。

4. 建立优秀骨干教师"三五"培养模式

近年来，学校基于大量老教师退休、新教师引进、职初期教师人数不断增加的现状，积极开展校本研修。以教研组为阵地进行再建教学流程的探索，以"规范教学五环节"为载体强化教师专业技能，以传帮带为纽带推动教师专业成长，建立优秀教师"三五"培养模式，要求优秀教师在成长过程中必须过五关：思想品德关、教学技能关、教材教法关、教育管理关、教学科研关；在实践上分为三个五年培养计划：第一个五年校内培养，第二个五年借助学区平台历练，第三个五年在区域内有一定成绩。通过积极为教师搭建各种实践和体验的平台，推动全体教师针对教育教学中暴露出的问题，采用多种形式寻找解决问题的方法、途径和手段，最终促进了教师队伍专业素质的整体提高，形成了一支结构基本合理、师德良好、专业素质较高的教师队伍。学校德育工作机制、体系较为完善，以班主任议事会议为抓手，将人人都是德育工作者的格局落到实处；有健全的班主任考核和培训制度，开展形式多样的班主任培训。

在干部队伍建设上，学校充分发掘青年教师的优势，用其所长，促进干部队伍优化，形成了一支年轻有为、富有朝气、勇于改革、和谐高效、团结协作的干部队伍。目前学校年级组长平均年龄 39.8 岁，教研组长平均年龄 37.8 岁，是学校教育教学的中坚力量。

由此可见，田林第二中学作为实验校，在针对学生特点开展针对性教育培养、提升教师教育教学综合素养以及培训优秀骨干教师方面做出了自己的探索，形成了自身特色，为开展强校工程提供了较好的基础。

（二）"缺什么"，实验校短板调研分析

1. 教师队伍建设整体质量有待提高

学校目前在编在岗教职员工 61 人，其中专任教师 50 人。高级职称教师 9 人，占 18%（一线高级教师仅 12%）；中级职称 22 人，占 44%；初级职称 19 人，占 38%。教职工平均年龄 38.8 岁，45 岁以上教师 18 人，占 28.6%；35—45 岁 18 人，占 28.6%；35 岁以下 27 人，占 42.9%。在读和具有研究生学位的教师 11 名，局级骨干教师 1 名。尽管队伍建设小有成效，但目前教师队伍现状还不容乐观，教师队伍结构失调，教师学科本体性知识下降，课程的执行标准下降，缺少主动发展的内驱力。学科带头人缺乏，优秀教师、骨干教师队伍的形成速度还不能适应学校发展的需要，中级职称教师严重短缺，在全面推进"二期课改"、实施素质教育的进程中，教师的专业化水准将影响学校前进的速度，因此还需构建多渠道、多途径、多层次的师资培养机制，充分利用各种有利因素和条件，尽快培养一支能促进学校发展的高素质师资队伍。目前，教师队伍建设主要存在以下不足。

（1）教师队伍进取性、创新性有待提升

第一，学科背景还不够深厚。教师队伍中有部分教师是学历再进修或外系统转行，学科专业背景不够深厚，高级教师大部分局限于英语学科，语文、数学等大学科无高级教师。第二，经验教学占主导。教学观念、老思路、老方法痕迹比较重，凭经验、按习惯、走老路的现象较多，对现代教学理念的接受、现代教学手段的运用不够，教学反思精神有待提升。第三，工作状态不够积极。教师队伍年龄结构不合理，老龄化问题较为突出。教师队伍尚缺乏一定的梯度，健康状况、家庭状况等因素对于教师本身职业发展影响较大，导致工作热情和职业发展期望较低。部分教师过于注重"教学经验"而缺乏对于先进教学理念和方法的学习与运用，信息化素质有待提升，面对新课程改革的要求缺乏进一步创新的动力和愿望。

（2）教学能力有待提高

第一，教学经验相对缺乏。近几年，学校每年都新进 5 位左右的新教师，这些教师是学校发展的生力军，但由于队伍培养缺乏一定的梯度，新进教师缺乏专人带教，教学经验需要自行摸索，教学效益往往事倍功半，从而影响其工作情绪，无法实现职业的成就感。第二，工作进取意识不强。由于学科带头人不足，各教学团队协作的观念和意愿不够强，教师工作责任感有待加强。第三，教学效率有待提高。青年教师队伍工作有干劲，不计时间、精力，肯付出，但由于教学经验不足，无法找到、找准问题的关键点，无法及时解决主要矛盾或者矛盾的主要方面，导致教学效率不高。

总体来看，学校教研组缺乏学科教学骨干的引领，部分教师对教学理解与有效教学实施缺乏带教与示范，教师的职业成就感与幸福感欠缺，对于自身发展要求低，阻碍了学科教学建设的良性发展。虽然学校内基于课程标准进行教学的现状较之前有所改善，但仍没有成为教师日常教学的自觉行为。教师还缺乏将标准转化为教案的技术方法，在教学中更多考虑的是每课时的教学内容和教法，而在思考目标、教学、评价的一致性，尤其是站在课程的角度、站在学科核心素养培育的高度看待教学，分析三维目标和教学过程的能力非常薄弱，课堂教学品质不高。

2. 学生学业水平指数有待提高

学校学生中随迁子女的比例较大，约占学生总数的 60%—80%。由于随迁学生群体的特点以及教育政策的变迁，使得随迁学生群体学业水平普遍较低。一是，学习基础普遍较为薄弱。初中阶段处于学业水平的拔高期，是一个艰难曲折的学习过程，需要家长配合孩子做好许多的培育和辅助工作。但是，随迁学生家庭由于种种原因，父母对孩子应有的教育没有能够及时跟进，使得孩子在基本学习认识和技能等方面，缺乏应有的素养，缺乏家校配合的指导和提升，从而导致学业水平从一开始上学就出现差异，进而越到高年级学业状况越不理想。二是，学习习惯需要进一步培养。培养良好的学习习惯是至关重要的。许多学业有成的学生都有着良好的学习习惯。但是，随迁学生群体在学习习惯培养的关键时期缺乏必要的家庭教育，学生的自控能力、提升自我的意识、学习兴趣都比较欠缺。学生在学习方面得过且过，长期以来就形成了自由散漫、不思进取的不良习惯，使得学业水平越来越低。三是，学习动力相对不足，缺乏进取精神。由于高考政策等原因，随迁学生群体多数要返回户籍所在地参加高考，对学校学习环境认同度不高。同时，家庭教育环境缺乏必要的引导，这使得学生群体生活学习没有明确的目标，缺少战胜困难和挫折的勇气和信心。当他们在生活学习中遇到困难和挫折时，由于缺乏家庭的帮助和引导，常常显得无助和迷茫，久而久之，学业方面的问题越来越多，最终造成学习障碍。

针对随迁子女生源比例增加的变化，学校还缺乏有效的教育教学管理措施，教师仍有较强的不适应性，存在盲目性和随意性，对学习有困难的学生缺乏分层指导和研究，导致学生的学习差异性较大。不少学生习惯于被动接受型学习，学习的主动性较差，自主发展的能力较弱。对近三年绿色指标测试数据纵向比较发现，学生的学业成绩均衡度、学习压力、学业负担综合指数等数据均不容乐观。

3. 学校教学管理水平有待提升

（1）学校质量保障体系有待进一步建设与完善

通过市区专家调研反馈及学校自身梳理排摸，学校教学管理的水平和效能有待提升，特别是以校为本的教学质量保障体系有待进一步建设与完善，需要因地制宜采用科学有效管理及质量保障体系保证课程的高效实施。例如：备课制度执行方面，教师经常沿用原来的教案，缺乏创新，学科组、备课组的团队作用发挥不够，没能充分聚合组内成员的智慧来集体备课；听课评课方面，存在听完课反馈不够充分、要求不够明确、不够注重细节等问题。

（2）学校课程规划高品质建设有待提升

学校课程规划实施的过程比较随意，没有体现"基于证据的选代改进"，要提升学校课程的设计力与统整力，推动学校课程向整体性、综合性、实践性方向发展。例如：课程管理的意识不足，学校虽设置了课程管理机构，制定了管理制度，但是个别部门容易沿袭原本的工作职责、管理模式，致使课程管理机构作用发挥不够；课程规划的全局意识和系统思维有待加强，课程规划与课程开发倒置，个别情况下局限于现有资源开发课程；课程理念缺乏前瞻性、全局性思考，已经开发的课程缺少具体化、校本化的解释，致使课程建设难以落地等。

（3）课程教学实施的有效评价有待进一步完善

缺少有效评价一直是制约田林第二中学教学管理与课程实施的主要问题，例如：评价形式往往是由特定的个人和群体对某一堂课进行评价和打分，然后运用统计分析法得出评价结果，虽然有了学生参与程度、师生互动程度等许多新的指标，但还不够全面深入；注重定量评价，难以实施定性评价，在实践中存在模糊性、随意性的问题，这就需要开发具有较强科学性和实用性的一系列课程及教学评价工具，用评价引领课程建设、检验课程实施质量、诊断课程教学问题，并不断改进和完善。

◀ 第3节 ▶

磨合与重塑，支援校与实验校之间的个性磨砺

强校工程，发展是目标，问题是基础。强校工程最根本的目标是建强实验校；最基本的出发点是立足两校在培养目标、教师管理、学生管理、课程与教学管理等四方面的差异，找到强校工程的契合点；最关键的问题是针对实验校的薄弱点以及瓶颈点，提供思路、方法，设计方案，倾斜资源，帮助实验校把弱势的方面扶起来，强起来；最核心的关切是在建强实验校的同时，不能脱离实验校原本的特点、特色，不能失去学校独特的文化传承。在"学校共同体"的理念指导下，支援校与实验校作为地位平等、相互探究、相互沟通、相互依存的学校共同体，拥有着共同愿景和教育教学目标。同时，实施强校工程的百所公办初中既有矛盾的特殊性，即同一举措不可复制使用；又有矛盾的普遍性，即同一举措针对实际情况稍作调整便可以借鉴。

基于这样的认识，西南位育中学和田林第二中学共同开展了立足校情的调查分析，分析了双方办学中的优势和问题，就课程、师资、理念、文化等领域的差异进行了数据对比分析，从而明确了双方合作的关键在于依托支援校的课程、师

资优势，通过制度、课程、队伍三个领域的共建，实现实验校办学质量的快速提升。基于对问题的分析，我们提出了"西田三元制"的强校工程实践模式。这一模式中的核心"三元"即强校工程中制度、课程、队伍三个关键领域。这种直指核心问题的合作方式帮助我们迅速理清了思路，推动了两所学校磨合形成"学校共同体"。

一、共同体之"共商"，立足校情分析，磨合强校工程"试验区"

科学分析和把握校情是推进强校工程建设的基础。依据上海市"百所公办初中强校工程"增值性评估方案的评估内容，立足于对两所学校优势和不足的总结提炼，通过对学校建设的各个领域进行分项评估，明确学校发展的瓶颈性问题。在此基础上，通过专家引领、领导双向挂职、反复沟通座谈等方式，确定了强校工程的"试验区"，找准"作用点"，让双方的合作真正成为一种基于实践需求的有效合作。

（一）人才培养目标的定位与融合

在培养目标方面，西南位育中学以"人文底蕴、科学精神、学会学习、健康生活、责任担当、实践创新"为学生的培养目标，田林第二中学以"勇于负

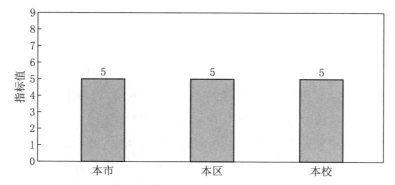

图1-1　2018年田林第二中学九年级教师教学理念指数

注：5级表示50%—60%的教师教学理念指数较好（含50%）。①

---

① 本图表数据均来源于《2018年度上海市初中学业质量绿色指标综合评价》。

责、善于合作、乐于探究、勤于锻炼、精于技艺"为学生的培养目标。通过将支援校综合实力培育拔高的办学目标与实验校专精于技艺与团队素养培育的办学目标相融合，可在精准定位实验校培养技术人才目标的基础上，提升人才的综合素质。

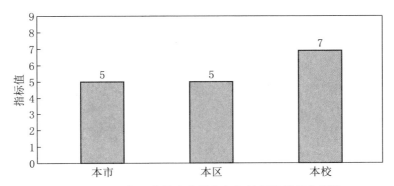

图 1-2　2018 年西南位育中学九年级教师教学理念指数

注：5 级表示 50%—60% 的教师教学理念指数较好（含 50%）；7 级表示 70%—80% 的教师教学理念指数较好（含 70%）。①

（二）管理机制的共通与资源共享

在教师管理方面，西南位育中学基于办学理念所形成的教师管理理念，更多的是考虑学生在打好学习基础之后的综合素质拔高方面的教育，对于教师自身的素质和研究能力有较高的要求，考核标准也更丰富，教师所能运用的优质教育资源比较多，目标路径比较明晰，获得感较强。田林第二中学受多方因素的影响，教师主要目标侧重学生行为习惯、认知学习等基本层次的教育管理，可使用的教育资源层次较低，对于涉及专业提升和研究工作的精力不足，对于与时俱进的教育技能和方法缺乏引领和实践，骨干力量不足，工作提升的目标不够清晰。通过将支援校骨干教师与实验校教师实现双向流动，将优质资源开放共享，可帮助实验校教师提升能力水平，明晰工作目标和路径，引进先进的管理考核机制，提升实验校教师的获得感。

---

① 本图表数据均来源于《2018 年度上海市初中学业质量绿色指标综合评价》。

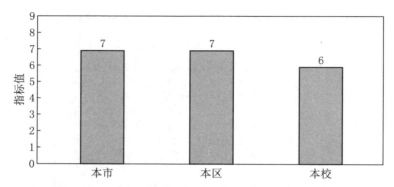

图 1-3　2018 年田林第二中学九年级教师教学方式指数

注：6 级表示 60%—70% 的学生对教师教学方式评价较高（含 60%）；7 级表示 70%—80% 的学生对教师教学方式评价较高（含 70%）。[①]

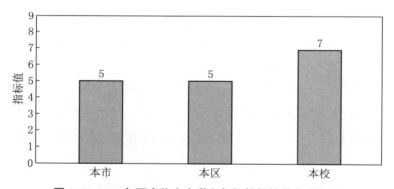

图 1-4　2018 年西南位育中学九年级教师教学方式指数

注：5 级表示 50%—60% 的学生对教师教学方式评价较高（含 50%）；7 级表示 70%—80% 的学生对教师教学方式评价较高（含 70%）。[②]

在学生管理方面，西南位育中学生源相对更加优质，学生行为规范水平和学业水平相对较高，学生教育管理的重点更倾向于综合素养和兴趣特长的培育，注重德育水平的提升。田林第二中学生源相对比较多元，随迁子女比例大，学生对于自身未来的不确定性和家庭教育的可能缺位，使得学生管理更加困难，学校更倾向于学生行为规范、心理健康、学习水平等基础能力方面的教育培养。通过建

[①②]　本图表数据均来源于《2018 年度上海市初中学业质量绿色指标综合评价》。

立流动机制，将实验校学生引入支援校进行全方位体验，甚至建立优秀插班生选拔机制，可帮助实验校学生开阔眼界、订立目标，有机会运用优质资源提升自己，发挥模范示范作用，带动周边的同学向优秀看齐，在一定程度上提升学校学生的综合素养。

表1-2　2018年田林第二中学九年级学业水平绿色指标数据表 [1]

	本市	本区	本校
学业标准达成度	8	9	4
高层次思维能力	5	6	3
个体间均衡度	5	5	2
学生学习动力	7	7	5
学生学业负担与压力	4	3	5
心理健康	5	5	4
学生品德与社会化行为	9	9	8
学生对学校认同度	9	9	8
教师课程领导力	3	3	3

表1-3　2018年西南位育中学九年级学业水平绿色指标数据表 [2]

	本市	本区	本校
学业标准达成度	8	9	9
高层次思维能力	5	6	8
个体间均衡度	5	5	8
学生学习动力	7	7	8
学生学业负担与压力	4	3	4
心理健康	5	5	6
学生品德与社会化行为	9	9	9
学生对学校认同度	9	9	9
教师课程领导力	3	3	5

[1][2]　本图表数据来源于《2018年度上海市初中学业质量绿色指标综合评价》。

（三）课程教学体系的对接与特色凝练

在课程与教学管理方面，西南位育中学在办学理念、生源质量等各方面因素综合影响下，形成独特的"中和位育"特色课程教育体系，将传统文化和人文精神浸润到课程建设中，开发各类特色校本课程，形成独特的教育生态闭环。田林第二中学以实践技能教育为导向，主抓学生的学业水平提升，以应对升学考试为主要目标进行课程安排和教学管理。通过支援校汇聚优质教育资源，可协助实验校在建好主干课程的基础上，围绕职业技能实践教育的目标导向，开展更多与社会相关专业实践对接的活动课程，建设特色校本课程，形成特色校本课程教育教学管理体系，在提高学生学业水平的基础上，提升综合素养，强化技能实践教育，为社会培养有用人才。

二、共同体之"共赏"，制定发展规划，塑造强校工程"路线图"

（一）齐心共谋："西田三元制"模型构建

在前期校情分析的基础上，西南位育中学和田林第二中学联合制定强校工程发展规划，对学校的发展基础和发展现状进行了深刻剖析，进一步明确了学校的发展优势和不足，形成了较为清晰的发展理念、发展目标和发展思路，归纳建设了"西田三元制"强校工程"学校共同体"建设的模型。"西田三元制"是基于学校发展的顶层设计、愿景构筑、精神唤醒、理念更新，是促进内生动力生成的内生机制，可分解为"西田"与"三元"两个核心概念。"西"指代强校工程支援校——上海市西南位育中学，"田"指代强校工程实验校——田林第二中学。"三元"指形成以制度为保障、以队伍为核心、以课程为载体的"一体两翼"科学机制，通过开展健全学校制度框架的"铸魂工程"，蕴育学校优质师资的"固本工程"，深耕学校课程教学的"强基工程"三大工程，聚焦学生的德育与文化、教师的管理与考核、课程的领导力，保障强校制度建设的动力源泉；实施牵手计划、影子计划、靶向计划三大专项计划，形成强校队伍建设的核心；聚焦基础课程、拓展课程、探究课程三大类课程进行探索创新，形成强校课程建设的中枢载体，为强校工程的实施制定科学可行的

"路线图"。具体结构详见结构图。

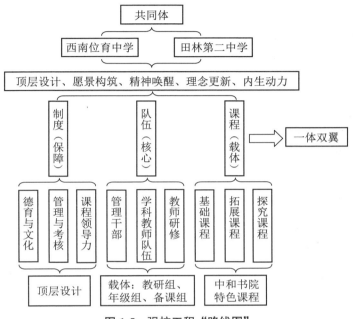

图 1-5 强校工程"路线图"

其一，推进三层制度建构，探索强校建设的制度保障。依托市级层面建立工作统筹协调机制，明确政府职责定位，强化组织领导和实施架构；建立统筹协调机制，完善政策落实落地机制，坚持专业指导和品牌带动，努力提供高水平精准扶持。立足区级层面完善和细化实施策略，坚持区域统筹规划，着重科学工作设计；坚持外部支持与内生增长协同发力，健全实验校办学质量提升政策机制；落实"双名工程"，坚持专家引领，发挥名校长和优质名师的带动作用。深入校级层面，以培育学生品德、养成良好行为规范为目标，通过加强教师队伍培训、提升学生实践能力等步骤落实德育与文化体系合一；健全激励与考核制度，确保考核评价的全面性和客观性，构建"三位一体"的多元激励机制，构建教师统一考核评价和激励机制；构建指向学生发展核心素养的综合课程群，健全导向学科素养的单元教学制度体系，提升全体教师课程领导力效能，培养学生发展核心素养。

其二，实施三大专项计划，探索强校建设的工作关键。实施"牵手计划"，夯实教师队伍建设的基础工程，面向实验校新任教师开展专门规划、专人带教与专家辅导，面向成熟教师开展全面听课、诊断与指导，面向品牌教师开展聚焦课程、课题与风格培养。"影子计划"是建强实验校教育教学管理的关键工程，两校互派干部，教师柔性流动和交叉任职，联合开展教研活动。实施"靶向计划"，以教师专业发展为抓手，以课题研究为引领，以研促教，以教助研，提升教师质量意识，推进教师综合水平提升。

其三，开发三类特色课程，探索强校建设的系统中枢。打造主干精品课程，打牢学生知识能力结构的基础，有步骤、有计划地推进基于课程标准的基础型课程校本化实施工作，结合对中考试题的研究和考点分析，完成校本的"三题"题库建设，基于生情、学情的大变化，下功夫做好中小衔接工作。着力开发辅助课程，引领学生综合素养的全面提升，发挥学校团队作用，开展丰富多彩、陶冶情操、责任担当、培养能力的团队活动，组织辅导学生参与实践体验活动，积累学生实践经验，鼓励师生积极申报相关德育实践研究课题。深入探索活动课程，找准校本特色育人的目标定位，课程设计强调突出学校特色，结合支援校和实验校的实际情况，开发一系列实验校校本活动课程，让学生对学校的归属感愈加强烈，并使其成为实验校校园文化建设的重要组成部分。

（二）协力共筹：针对性制定强校工作策略

在"学校共同体"建设的背景下，根据西南位育中学和田林第二中学具体画像分析，结合其他公办初中的工作实际，针对性地归纳出"西田三元制模式"的基本原则、工作思路和核心策略，探索强校工程的普适性指导策略。

1. 基本原则：夯实培育实验校优质特色发展的根基

强校工程是要把名校的先进教育理念、科学管理模式、名师资源等移植到实验校，有效发挥品牌学校的示范带动作用，建强实验校，进而不断扩大优质教育的规模和总量。这一体制和模式给发展中的实验校带来了新的机遇、新的挑战、新的空间，加快了实验校优质化进程，可以使实验校的教学质量在短时间内得到有效提升。但是，开展强校工程的根本目的，并不只是"授其以鱼"，仅仅将名校、强校的模式和团队等现有资源整建制移植过去，而是"授其以渔"，通过示范带动作用，在实验校中也培育出优秀的团队，形成先进的管理理念和模式，建设好培育学生的特色路径，打造出具有实验校特色的学校自我发展、自我提升的路径，帮助实验校凝聚未来成为名校的潜质并形成初始的推力，为义务教育均衡可持续发展助力。

2. 工作思路：打造实验校内涵式高质量发展生态

学校的内涵发展是在明确学校发展的战略定位、制定科学长远的发展规划的基础上，推进管理和课程布局的战略性调整，是一所学校在基本建设的基础上更注重环境与文化、规模与效益、质量与特色和谐的发展。因此，实验校的建强，不仅仅在于实现可量化、可视化的各项教学指标的增长，更在于实现学校的内涵式建设与发展。

实现实验校的内涵式高质量发展，必须厘清和明确工作思路，具体要做到以下几点。首先，必须落实"一个中心"，也就是落实教学工作的中心地位，践行"教学工作是中心""教学质量是核心"的理念，形成全员重视教学、一切为了教学、管理促进教学、人人关心教学、个个支持教学的良好局面。其次，务必突出"两个抓手"，即夯实教学常规，打牢教学成绩提升的基础；推进课堂教育改革、校园文化建设、学生行为习惯养成这"三大工程"，促进内涵发展。最后，努力实现"一个愿景"，即更加注重扩大高质量教育资源，更加注重公平均衡教育理念，更加注重提供贴心教育服务，更加注重构建教育保障体系，更加注重形成和谐发展生态。

3. 核心策略：建强实验校，补全短板，培育特色

强校工程的核心是在学校共同体理念的基础上，充分运用强校优势，大力改造和扶助实验校，使实验校发展起来，在共同体学校间优化教育资源配置，实现教育的均衡发展。田林第二中学作为强校工程的实验校，在某些方面存在薄弱之处，在进一步发展方面存在瓶颈，同时也具有学校自身优势的特色。围绕"立德树人"这一教育的根本任务，每所学校由于地域、生源等种种不同都有着各自的办学特色和发展理念，这些特色和优势也是田林第二中学区别于其他学校的独特之处。因此，强校工程并非是让优质的学校完全同质化地改造甚至吞并掉弱势的学校，而是要根据学校特色和学生特点，为实验校量身打造适合自身特色发展之路的强校策略。

因此，这一策略最根本的目标是建强实验校；最基本的出发点是立足两校在

培养目标、教师管理、学生管理、课程与教学管理四个方面的差异，找到强校工程的契合点；最关键的问题是针对实验校的薄弱点以及瓶颈点，提供思路、方法，设计方案，倾斜资源，帮助实验校把弱势的方面扶起来，强起来；最核心的关切是在建强实验校的同时，不能脱离实验校原本的特点、特色，不能失去学校独特的文化传承。因此，在建强薄弱点的同时，必须量体裁衣，专项培育好实验校原有的特色项目和特色文化，建强学校的同时也建好学校特色，形成百花齐放、均衡发展的中学教育体系。

附录"1+1"

强校重在强师

在强校工程的课程建设展开中，学校相关学科教师将课程教学实践过程进行了总结梳理，形成了典型教学案例。对这些教学案例进行梳理和展示，形成了强校工程课程教学模块建设的鲜活成果积淀，也为其他教师的课程构思和教学实践提供了参考借鉴，具有较好的启发意义。

教学案例 ··

支架式教学法在初中语文中的运用
——西田三元流动学习思考

田林第二中学　陆小涵（语文教师）

2020学年伊始，我因田林第二中学（以下简称"田二"）和西南位育中学（以下简称"西位"）的强校工程项目，有幸到西位这一支援校交流轮岗。我任教的七年级生源不同于田二学子通过电脑摇号随机入学，他们是通过选拔择优入学。对于生源的变化，起初我也曾错误地认为，学习能力较强的学生无须通过系统的学习，仅凭对于已有知识的自主探究，就可独立地完成各项学习任务并建立相应的知识框架。但通过听课学习，我认识到"正确的教育思想既不是以教师为中心，也不是以学生为中心，而是既要充分发挥教师的主导作用，又要凸显学生在学习过程中的主体地位"。[①] 不论学习能力如何，学生都不应充当被动的学习者，教师应摆脱主导性强、专注灌输的教学思想，需要以不同层次学生特有的最近发展区为基石建构学习支架，推动学生主动思考，形成独立的认知结构。

一、柔性流动中支架式教学范例

1. 拓展资源，建构情境性支架

新课标特别强调教学的情境性，支架式教学理论来源之一建构主义理论指出，知识必须浸润在真实的情境之中，教学活动要在具体的情境中开展。

2月正逢元宵佳节，西南位育中学语文组借此契机在全年级开展活动，一同度佳节、赏月、对对联。由年级组给出8句上联，有"金牛造势赢头彩""灯彩星辉报元月"的热闹纷呈，有"无恙青山开路径""大地春回添锦绣"的万物祥和，有"天上皓月一轮满"的唯美浪漫，还有"激扬青春游学海"的活力四射，让学生应景地运用对联这种极具对称美的文学形式，斟酌思想主题和格调意趣，以活动为手段，指向语文课程目标的达成和学生的全面发展。而学生在创作对联之前，收集有关对联的资料，了解对联基本知识，使语文学习活动从语文课堂向外延伸。由此，学生了解到在对对联时既要对仗又要关联，但对于如何辨别诗歌创作是否符合这一要求仍一知半解，于是老师再次通过让学生完成一份小组任务型作业，进行任务驱动。习题如下。

望月有感　　　　白居易

自河南经乱，关内阻饥，兄弟离散，各在一处。因望月有感，聊书所怀，寄上浮梁大兄、於潜七兄、乌江十五兄，兼示符离及下邽弟妹。

A. 共看明月应垂泪　　B. 骨肉流离道路中

C. 一夜乡心五处同　　D. 弟兄羁旅各西东

---

① 高文，徐斌艳，吴刚.建构主义教育研究［M］.北京：教育科学出版社，2015：388.

E. 田园寥落干戈后　　F. 吊影分为千里雁

G. 辞根散作九秋蓬　　H. 时难年荒世业空

("看"古代为平声，eng 和 ong 在古代属于同一韵)

要求：请根据押韵、对仗、平仄的要求，将材料中的诗词按照正确的格律排序。

通过要求中的引领，学生能主动搜集拓展资源，逐层分析排列组合。先以颔联、颈联必须对仗为依据，确定 B、E、F、G 为这两联的内容，但顺序无法确定。随后利用"律诗中第二、第四、第六、第八句的句尾字必须押韵，第一句的句尾字可押可不押，第三、第五、第七句的句尾字不可押韵，且只押平声韵"为指向，推断出 B、C、D、G、H 为可押韵但次序不定的五句，而 A、E、F 则是第三、第五、第七句。最后是平仄的要求。对联在声律方面也有着如律诗般较为严格的要求，追求仄起平落、平仄相反，且出句与对句字不相同。虽然当下的初中语文教学不像传统语文教学那样强调声韵格律的学习，但掌握基础的声韵格律知识能够促进学生理解古诗文言。为加深学生对平仄要求的理解，教师适时提供以下资料为例，供组内参考讨论。

锦瑟无端五十弦，一弦一柱思华年。("十"为入声字)
　　　　　仄　平　仄　　　平　仄　平

庄生晓梦迷蝴蝶，望帝春心托杜鹃。
　　　　　平　仄　平　　　仄　平　仄

沧海月明珠有泪，蓝田日暖玉生烟。
　　　　　仄　平　仄　　　平　仄　平

此情可待成追忆？只是当时已惘然。
　　　　　平　仄　平　　　仄　平　仄

学生很快在此基础上判断出《望月有感》中每一句的平仄关系，并结合之前得出的对仗和押韵的结论，加以对诗句含义的理解，不难得出最终的结论。这一作业提供学生学习支架，以准确测算学生的学习探索水准为前提，在遇到困难时及时且适当指导，并明确学生在这强有力的辅助下保持探索兴趣最终能够达到的水平。学生在此基础上具有一定评价鉴赏对联的能力，再创作简单对联会相对得心应手。最终从年级组共选出 10 组文质兼美的对联以书法的呈现方式张贴在学校的方厅，有"金牛造势赢头彩，银驹献瑞报福音"的喜气洋洋，有"无恙青山开路径，有为白帆启征程"的天道酬勤，还有"天上皓月一轮满，水中皎镜半抹残"的水天一色。汇总的下联中也有些借鉴前人好的句式，再转换个别细节来更好地表达自己的思想。有些对联未能平仄交替，虽是美中不足的小遗憾，但仍是瑕不掩瑜。

尽管在语文课程标准中并未直接要求对学生进行对联的鉴赏与创作训练，但其却与课程标准对语文课程的要求相契合——"初步学会运用祖国语言文字进行交流沟通，吸收古今中外优秀文化，提高思想文化修养，促进自身精神成长"[①]。对联综合性学习活动强调在师生互动中生成，以"教师为主导，学生为主体，任务为主线"。而终期展示活动也同样不可或缺，充分运用了学生掌握到的对联知识，囊括对联鉴赏、对联创作、对联评选等活动。虽然仅是一次对联活动，但给学生带来的却是诗歌创作的启蒙和乐趣。将看似晦涩难懂的内容用新颖的教学方式来吸引学生，这种尝试对我今后的教学备课也有很大借鉴意义。

2. 基于生情，辅助写作内容生成

写作课程的目的不在于侧重"知道某个知识点"，而是侧重于"知道如何去做"。因此，写作导写课先围绕该次写作题目中的核心概念进行简要通俗的讲解，然后从不同方面就如何运用知识进行写作指导。构建支架的目的是"站在学生的角度手把手地在进行不厌其烦又不太给限制的开导引路"[②]。西位的芦薇老师在《多彩的活动》写作指导课中，为学生搭建概念支架和程序支架，从分析写作所需的核心知识及提供写作活动步骤这两方面建立合理的写作认知图式，帮助学生完成写作。对于这一作文题，芦老师首先引导学生思考：（1）活动的全过程可以分为几个阶段？填入以下支架中；（2）其中哪一阶段最能凸显活动意义？在支架中用星号标记；（3）在这一阶段中令人印象最深刻的场面是什么？在"场面"格内概括，并用箭头与"活动阶段"和"中心"连接；（4）在这一场面中的核心

---

① 中华人民共和国教育部.义务教育语文课程标准（2022 年版）[S].北京：北京师范大学出版社，2022：2.

② 唐建新.写作教学的艰难探索：关于部编初中语文教材写作部分的编写[J].语文教学通讯，2017（8）：65-68.

人物是谁？有什么表现？（5）其他（次要）人物有什么表现？整体场景的气氛怎样？这一写作图表支架直观具体，学生对于题目的概念知识向写作策略知识转化，并运用这一转化激发学生写作动机，清晰感受到写作过程中的"轻重缓急"，将"多彩"这一抽象的形容转化为与学生生活息息相关的具体场景，唤醒经验，发展思维。而对于场景的写法，学生在六上第二单元的《开国大典》中学习到：一是明确写什么，比如文章里聚焦点是毛主席，其他三十万人整体概括，即点面结合，文中都是先让毛主席定在一个点，否则无中心、无焦点；二是人物描写，通过把握神态、动作、语言，抓住人物不同特点及共性特点，并把人放在环境中描写使其有代入感。

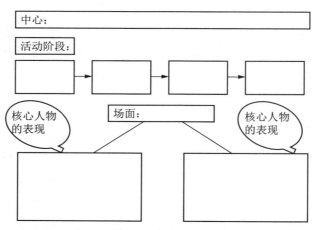

图 1-6　活动全过程图表支架

在使用支架进行写作教学时也要注意：教师在课堂适时点拨学生以免偏题甚至异想天开；在课中课下根据学生反馈适当调整教学支架以围绕学生的最近发展区，也避免教学支架被照搬固化和套用；避免学生为机械填写支架而妨碍写作兴趣，限制创造力。

学生虽然无法准确地表达自己在写作中的问题，但教师不可简单将其归因为"审题不当偏题""详略不当"等。教师写前有指导，写后有讲评，但如未能基于学生写作实情提供必要的支架和援助，那么学生的思维仍将停留在误区无法突围。

二、教学支架在同课异构中的运用

在八上第五单元中有两篇说明文的经典篇目，分别是《中国石拱桥》与《苏州园林》。笔者与西位的陈丽老师分别就此展开同课异构的教学。陈老师就"绝对语言"是否在记叙客观事物的说明文中也表达了作者的某种情感倾向这一核心问题展开教学，通过预习反馈、脉络梳理、理解说明次序等常规教学内容，穿插了针对绝对性字眼的思考，引导学生深度挖掘隐藏在说明文里的情感倾向，理解了《拙政诸园寄深眷——苏州园林》的原标题的情感寄托。

而笔者在《中国石拱桥》教学课上，通过建构"问题式支架"进行"复句训练"，引导学生梳理作者行文的思维逻辑，以体会作者的写作目的。这一教学目的看似抽象难懂，但在提供学习支架后学生就有迹可循，有助于其克服对抽象问题的畏惧。课堂环节先梳理了全文脉络：1—3 节介绍中国石拱桥的普遍特征，4—8 节介绍中国石拱桥的两个例子，第 9 节介绍中国石拱桥辉煌成就的原因，第 10 节介绍中国石拱桥的飞跃发展。随后笔者通过"问题式支架"逐层剖析，以下是相关的课堂实录。

1. 明确 3—8 节的写作顺序

师：我们明确了作者为什么举赵州桥和卢沟桥为例，那么为什么先讲赵州桥再讲卢沟桥？

生：时间顺序。

师：采用什么顺序主要取决于作者所说明对象的特点。说明事物的发展变化，时间顺序容易表示清楚。这些桥有何发展变化？

生：从单拱介绍到联拱，从简到繁。

师：这一变化背后还隐含了什么变化？

生：中国人民工艺水平的提高（人类改造自然、征服自然的能力提升）。

2. 运用复句训练，梳理行文思路

师：文章 1—8 节的内容已很完整，为何要写 9、10 两节？分别和前文有什么关系？

生：第 9 节与前文是因果关系（从现象到原因）。

师：请你用表示因果关系的关联词，将第 9 节与前文串联起来。

生：我国石拱桥之所以取得如赵州桥、卢沟桥这样的光辉成就，是因为……

生：因为……所以……

师：这三个因素重要性如何排序？

生：首先、其次、再次，重要性逐步减弱，从主到次，但同时具备。

师：第 10 节内容较多，数数共有几句话？

生：6 句。

师：有几层意思？与前文有何关系？

生：第 10 段 1—5 句写了中华人民共和国成立后中国在石拱桥方面的成就，与前文是递进关系。

师：请用关联词串联。

生：我国石拱桥不仅在两千年前的古代取得了光辉成就，而且在中华人民共和国成立后更是飞速发展。

师：第 6 句与 1—5 句有何关系？

生：中华人民共和国成立后取得成就的原因，是因果关系。

师：请用关联词串联。

师：想想除第 6 句的原因外，还有其他原因吗？

生：中华人民共和国成立后石拱桥之所以取得辉煌的成就，首先是因为第 9 段中的三个因素，还因为社会主义制度好。

师：试用以下关联词"之所以……是因为……""不仅……而且""不但……还"，将全文串联起来。

生：（略）

随后，教师结合文章最早发表于 1962 年的《人民日报》上的情况，为学生们补充呈现了 1962 年《人民日报》的新年献词：1961 年我国人民所取得的最重要的成就，就是战胜了连续三年的严重自然灾害，在粮食方面得到了较 1960 年为好的收成，只是棉花和一些其他经济作物比上一年歉收。进一步引导学生思考作者写本文的"因"是什么。此时学生通过层层分析思考，理解了文章虽写桥，但旨在以中国石拱桥来介绍中国劳动人民的勤劳与智慧，有征服自然的能力，意在鼓舞人民的士气。

在上述的"问题式支架"运用过程中，从学生的角度来看，可以有效地解释学生的语文学习思维路径，也是语文能力递进的过程。而教师教学目标的达成，是基于对学生生成性资源的有效利用，继续给学生提供层进性支架的引导。

借助学习支架理论，重视学生在学习过程中的自主建构作用，学生语文学科核心素养的培养就是在支架的提供与撤去的过程中实现的。前文分别从创设"情境性支架"开展综合学习、提供"概念支架"和"程序支架"为学生打开写作思路、采用"问题式支架"引导学生在阅读中层层剖析梳理文章并体会写作目的。由此可以得出，虽然运用的支架类型和学习内容皆不相同，但在学生的思维发展与提升、文化传承与理解等方面确有一定的促进作用。

教师感悟 ··

在优质学校浸润中做强自己

田林第二中学　陆小涵（语文教师）

大家好，我是徐汇区田林第二中学的语文教师。2020 学年，是我从教的第三年。因为田林第二中学（以下简称"田二"）和西南位育中学（以下简称"西位"）的强校工程项目，我有幸到西位这一支援校交流轮岗。我任教的西位七年级生源普遍较田二要好一些。家长对学校和老师的要求也很高。

在面对压力和践行使命的同时，西位给予了我很多成长的渠道和机会。

一、开眼界，明差距

西位为我配备了带教师父，每周互听评课至少两节，且全年级七位老师课堂的大门全都向我敞开，使我不断调整授课内容的难度和深度。另外，各年级每位老师的专题汇报课，以及本学期举办的从预初至高三所有语文青年教师大讲赛我都有幸聆听。因此，一学期的听课数是我原先的三至四倍，着实拓宽了我的眼界。同为青年教师，我明确了不足和差距，确定了进步的方向。

二、教学实践，学技能

我原先在田二教授学生古诗时，有些学生觉得枯燥难懂，对古诗产生了距离感和畏难情绪。而在西位的一次语文学科教学竞赛中，我用很大篇幅详细解释古诗在平仄、对仗上的一般规律，并要求学生以此为据给诗句排序。出乎意料的是，学生对此表现出极大的兴趣。于是我调整诗歌教学的思路，在课后精心备课，课上带领学生一同梳理规律，讲解排序思路，再以此反观本学期学过的诗句，更深切地感受到诗人创作时斟字酌句的精妙。另外，在本学期的元宵节庆祝活动，我组织学生对对联，再次引起热烈参与。最终获奖同学的对联经毛笔书写张贴在大厅中，学生云集观摩，很是热闹。

三、事事品味，悟师道

在一学年的教学备课中我收获颇丰。如上面提到的，虽然只是一次竞赛、一次对联活动，给学生带来的却是诗歌创作的启蒙和乐趣，这种尝试对我今后的教学有很大借鉴意义。

此外，一次公开课对于教龄两年的我也是极大的挑战，但在各位老师的悉心指导下也收获颇多，如：对于学生已学过的课文，可以合理利用学生的已知挖掘他们的未知；在课堂教学的大环节上衔接并不流畅，今后更要注意逻辑的连贯性和清晰性；所提的问题要有一定的思维容量，给予学生足够发展的空间。而这一切都基于对于文本的深入解读，这一点我还十分欠缺。"老师欲给学生一滴水，先要有一桶水。"以此，勉励自己。

截至目前，像我这样参与两校轮岗的教师有六位，其中西位来田二轮岗的教师有五位，最长的有两年之久。我很感谢给我这次轮岗机会以及西位大集体对我的包容和帮助，让我一直走在进步的路上。

强校重在强事

在强校工程探索实践中，通过梳理总结相关教研工作活动材料，形成系列活动成果剪影，包括围绕"固本强基 立师惠生"，组织西田强校工程交叉型同课异构研讨活动暨"共同体视域下'西田三元制'建设的探索与实践"开题会等。系列活动回应了新形势下课堂教学的高质量要求，进一步夯实了课堂教学与教研底蕴，具有较强的现实意义，有助于推动学校互动发展，实现两校教学育人工作共同提高。

▶ **教研工作活动**

固本强基 立师惠生——西田强校工程交叉型同课异构研讨活动暨"共同体视域下'西田三元制'建设的探索与实践"开题会

▶ **指导思想**

为了贯彻习近平总书记关于教育的重要论述，发展公平而有质量的教育，围绕徐汇教育"高标准、高质量"战略，以学生核心素养培养为目标，推进区教科研重点课题"共同体视域下'西田三元制'建设的探索与实践"的开展，推进强校工程各项工作向纵深发展，强化学校间紧密型教学联动，进一步聚焦课堂教学，深化中考招生改革背景下的教学改革，以实现两校的共同发展。

▶ **活动目的**

本次活动以市、区强校工程专家团队为依托，构建基于师情、学情、校情的指向学科核心素养的单元教学设计研修共同体，探索"西田三元制"之紧密型教师队伍建设的实践模式和课堂教学实施路径，以达到提升"西田"教师的师能、推动学校间的均衡发展、实现有教无类的目的。

▶ **研修学科**

1. 西田三学科（语文、数学、英语）联合备课组活动（2019年10月底至11月中旬）

表1-4 西田三学科联合备课组活动内容

序号	活动内容	文 本
1	确定单元主题并进行设计研讨	单元教学设计
2	相互日常听课、观课、交流，了解学情	听课记录及思考点评
3	确定单元内互换教学的课时内容，进行教学设计、试讲、磨课	课时教学设计

2. 主题研讨展示活动（2019年11月底）

● 时间：2019年11月27日（星期三）

● 地点：上海市田林第二中学

● 主要议程：

（1）签到

（2）教学展示

（3）交流研讨

交流发言"学生核心素养培育视域下的教师专业发展"（田林第二中学　陆小涵）。

（4）专家点评

（5）领导讲话

表 1-5　西田三学科教学展示安排表

时　间	学科	班级	任课教师	地　点
13:15—13:55	语文	西位初二	田二陆老师	六 5 教室
	数学	西位初一	田二宋老师	六 6 教室
	英语	西位初一	田二邵老师	微格教室
	英语	西位预初	西位叶老师	三楼专用
	英语	西位初二	西位蒋老师	四楼美术
14:05—14:50	语文	田二初二	西位陈老师	六 5 教室
	数学	田二初一	西位钟老师	六 6 教室
	英语	田二初一	西位张老师	微格教室
	英语	田二初二	田二金老师	四楼美术

Chapter 02

"铸魂·健全制度框架"：
设计强校工程的"种子秧"

推动"西田三元制"模式下的学校共同体创新发展，需要我
们在一系列相关制度建设上下功夫，创新管理理念，将引导制
约型制度和开放激活型制度相结合，将制度刚性与人文关怀相融
合，以先进、完善的制度体系为强校建设聚力铸魂。

——王卫珍

"仁圣之本，在乎制度而已。"我们以制度建设夯实学校共同
体发展的根基，立足德育和文化体系建设、管理考核制度建设、
课程领导力提升机制建设，多渠道、全方位打造"西田三元制"
铸魂育人制度体系，进一步探索基于校情和学情的有效的教学管
理制度和方法，实现两校真正意义上的"血脉相通"，无缝对接。

——金琪

教育公平是社会公平的重要基础，是维系社会公平正义的坚实基石。党的十八大以来，以习近平同志为核心的党中央高度重视教育公平问题，明确提出要不断促进教育发展成果更多更公平地惠及全体人民，以教育公平促进社会公平正义。党的二十大报告强调，"加快义务教育优质均衡发展和城乡一体化，优化区域教育资源配置"。强校工程的实践，生动体现了教育公平作为义务教育均衡发展的根本取向。"西田三元制"实践模式的建构正是在强校工程政策指导下，支援校上海市西南位育中学与实验校田林第二中学在学校共同体理论的基础上，探索构建的基于队伍、制度、课程三方面的协同发展模式。这一模式通过对学校的发展基础和发展现状进行深刻剖析，在推进学校三层制度建构、实施三大专项计划、开发三类特色课程方面进一步形成了较为清晰的发展理念、发展目标和发展思路，立足支援校和实验校各自的特点，明确了队伍发展是核心、制度建设是保障、课程建设是载体，坚持"对比—发展—创新"的建设路径，精准施策，落实细节，将促进教育公平的价值导向贯穿始终。

强校工程的有效实施，必须建立在完善的制度体系设计之上。田林第二中学通过开展"铸魂工程"，从学生的德育和文化、教师的管理和考核、课程的领导力三个关键点着力推进学校制度建构。首先，以培育学生品德、养成良好行为规范为目标，通过加强教师队伍培训、提升学生实践能力等步骤落实德育与文化体系合一。其次，着力健全激励与考核制度，通过成立涵盖督导组专家、同行教师、学生以及教师本身的考核评价小组，制定科学的考核制度，确保考核评价的全面性和客观性；构建实验校、教师、学生的"三位一体"多元激励机制，明确学校、教师和学生激励的重点领域；构建教师统一考核评价和激励机制，建立教师访学激励体系，加强教学团队的建设与投入，制定合理的职称评定方案，从制度上激发教师发展的自觉性、主动性。最后，通过构建指向学生发展核心素养的综合课程群和设计与实施导向学科素养的单元教学制度体系，提升全体教师课程领导力效能，培养学生发展核心素养。

作为促进学校共同发展的机制，"西田三元制"的建立以及探索，能够为以"强校工程"为代表的各种学校发展模式提供经验参考和案例。两校强校工程所探索的机制不仅仅局限于强校工程，也是对学区化、集团化、托管等教育模式的进一步探索，为深入开展校际合作提供了新的借鉴和思路。

◀ 第 1 节 ▶
明晰优先级，德育和文化体系之"合和再造"

德育在整个教育体系中扮演着重要角色。进入新时代，德育工作的环境发生了改变，学校教育不再是德育的唯一途径，但不可否认的是，学校仍是德育的关键场所，文化属性也是德育最重要的属性，德育需要通过文化教育的方式呈现出来，学校德育的关注重点也要转向文化层面。如何推动学校德育的进步，发展文化型德育，是新时代德育工作者亟待解决的问题。

德育是一个项目极为明确的教育活动，兼具了学科性和系统性的特点。根据区教育局"卓越徐汇"的办学规划和学校"强校工程"推进成果，西南位育中学与田林第二中学要协同构建与未来徐汇教育相匹配、与新中考改革相适应、有校本特色的校园文化培育格局与德育工作制度，使学校德育内容与教育教学的过程融合，与各年级的德育主题、学生行为规范主题有序衔接。围绕社会主义核心价值观，有机整合学校、家庭、社会资源，有效提升德育队伍培养发展，从而有力推进校园文化建设，帮助学生在活动中自主发展，在社会参与中有良好表现，促进其身心健康发展，成为和谐发展的新时代青少年。

一、以"铸魂工程"为引领，明晰德育与文化体系再造的必要性

（一）统筹校情和学情，全方位剖析实验校德育与文化体系

随着课程改革的深入，实验校传统的校园德育与文化建设已经不能满足新课

程发展的需要，新的课程体系需匹配的校园文化是围绕年级与班级的教育、教学活动所建立起来的一整套价值取向、行为方式、语言习惯、制度体系、班级风气等的集合体。学校德育与文化体系是指学校师生在教育实践过程中产生的价值与文化体系，是学校在开展管理工作、创建校园文化、培养人才时的主要载体，同时也是学校办学理念以及教学精神的主要展现。

1. 学生良好行为习惯的养成是全面提升综合素养的基础

学生良好行为习惯的养成是持久内化的过程，必须一以贯之。初中生的自主意识处于逐渐增强阶段，在社会文化多元、接受信息渠道多样的时代，实验校学生的个性特点、行为习惯等存在明显的差异。田林第二中学部分学生家长忙于工作，陪伴孩子成长的时间不足；有的家庭教育方法不妥，不利于孩子的健康成长。因此，教师在开展德育工作时，须先根据学生的年龄特点和性格特点，培养学生良好的行为习惯，促进学生良好道德素质的形成。

2. 提升教育实效需要增强班主任德育工作能力

班主任是班级工作的组织者和指导者，是促进学生全面健康成长的骨干力量，学校的德育工作成效与班级管理密切相关。然而班主任的精力是有限的，一个人的视野可能存在盲区，需要获得来自不同视角的信息，为班级管理、学生教育助力。田林第二中学班主任队伍平均年龄 34 岁，他们有热情，容易与学生沟通，但实践经验不足。虽然实验校经常组织班主任以会代训、专题辅导、经验分享等，但培训的研究性、实务性和有效性仍有待提高。

3. 培养社会人才要求加强学生德育实践能力

随着社会对人才培养要求的变化和教育改革的不断深入，学生社会实践活动越来越受重视。关于学生社会实践活动的研究及成果，以高中生和大学生为研究对象的占大多数，对初中学段的研究相对较少。田林第二中学学生的社会实践目前多局限在承担社会志愿者服务方面，解决社区问题的实践较少，如在生活中发现问题，怎样解决是一片空白。随着中考改革推进，学校也要在这个方面进一步引领学生加强实践探索。

（二）明确目标与任务，构建新时代思政铸魂育人工作体系

贯彻党的教育方针，办好人民满意的教育需要构建具有新时代特色的德育工

作体系。西南位育中学与田林第二中学经过联合调研,依托专家指导,共同研讨并不断完善具有实验校校本特色的新时代校园德育体系,通过聚焦主体性德育建设、教师全员育人机制、德育课程体系、主动性育德文化四个维度,全面提升实验校新时代思政铸魂育人质量,全力打造全环境育人格局。

1. 推动主体性德育建设显特色

坚持以年级德育主题为落实育人与常规工作的"突破点",建有学校特色的德育工作机制,使学校德育有机融合于教育教学过程,有序衔接小学与初中各年段,有力推动德育队伍培养发展,有效整合学校、家庭与社会资源。通过学生的实践体验,学校德育体现自主性,为学生提供发展和展示的空间;体现主体性,实现学生自管自育的德育;体现实践性,强化学生道德体验的德育;坚持贴近生活、贴近实际、贴近学生的隐性与显性德育,有利于推行"全员导师制"的育人和谐生态,立足育人实践,指导育人案例,促进德育科研水平提高。

2. 落实教师队伍全员育人机制

德育过程应全面贯彻党的教育方针,落实立德树人根本任务,遵循教育规律,树立科学教育质量观,深化改革,构建德智体美劳全面培养的教育体系,健全立德树人落实机制,坚持德育为先,坚持全面发展,坚持面向全体,坚持知行合一。提升教师育德意识和育德能力,引导教师在课堂教学中把价值引领、知识传授和能力培养有机结合。通过德育课程的实施,提升班主任优化课程资源的积极性,成为对资源更新、拓展、补充的实践者与贡献者,使德育课程得到不断完善、充实,使学生能够领悟生命内涵,养成良好生活习惯,言行文明规范,践行和谐生态,收获健康人格。

3. 探索建设德育课程体系框架

依据德育目标、内容体系,开展丰富多彩的校园文化活动,营造健康向上的校园氛围;通过仪式活动、榜样示范等途径,立足养成教育,促进学生行为规范呈现良好水平。依托教改实践活动参与,夯实社会实践活动的自主开展与项目管理,实现课程体验与生活实际的深度融合;培养学生在自主、合作与创新学习路径下,学会现象分析、解决问题等。丰富学生对自然、社会、生活的体验,完善综合实践评价,使育人目标与校园文化特色、学生生活、社会主义核心价值观相融合。

4. 打造主动性育德文化生态圈

建立"四个百分百"校园文化氛围培育制度，让田林第二中学百分之百的学生有西南位育中学的教育体验，百分之百的学生有各种获奖的成功体验，百分之百的学生有生涯教育的经历体验，百分之百的学生有社区志愿者服务的实践体验。针对实验校学生社会实践以及劳动教育较薄弱的点，以"田林第二中学学生实践——社区问题解决方案的实施计划"为抓手，以"中考改革背景下以'三小'模式提高初中学生社会实践活动有效性的探索与实践"市级课题申报为契机，加强校本课程和学校重点项目中学生创新精神和实践能力的培养，围绕社区问题，提出解决方案。选择以学生为主体的学习、实践项目，配备指导教师，采取高中学生带动初中学生的方式，鼓励学生发现社区生活中的事例，根据自身的特点，制定实施计划。努力打造学生主动发展、教师主动关爱、学区主动支持、家校主动互通、社校主动联合的主动性育德文化生态圈。

二、以"立德树人"为根本，明确德育与文化体系合一的实施要点

（一）打造全员协同机制，落实立德树人根本任务

办好教育事业是学校、家庭和社会共同的责任。党的二十大报告指出，要健全学校家庭社会育人机制。这充分说明，学校、家庭、社会协同育人已成为国家大事，关系到学生全面发展、健康成长。西南位育中学和田林第二中学充分依托徐汇区和田林学区社会实践教育资源丰富、家庭教育指导服务站普遍建立等优势，为实验校打造学校积极主导、家庭主动尽责、社会有效支持三位一体，教师、家长和社区全员、全程、全方位参与的协同育人机制。

在学校教育主阵地建设方面，带动实验校推行"全员导师制"，开展理想信念教育，厚植爱国主义情怀，加强品德修养，增长知识见识，培养奋斗精神，不断提高学生思想水平、政治觉悟、道德品质、文化素养。在家庭教育指导服务专业化建设方面，携手家长共同育人，继续办好家长学校，分类指导家庭教育，切实提高家长的教育水平。在社会育人资源整合利用方面，依托强校工程支援校资源优势，有效拓宽社会育人资源，发挥社区、实践基地的作用；通过拓展育人资源，把党的教育方针浸润到育人过程中，借智慧、学做法、善反思，形成学校、家庭、社会"三

位一体"促进学生成长的学校德育工作新格局，促进学生健康和谐地发展。

（二）明确人才队伍建设制度，提升全面育人成效

教师是教育的第一资源，是建设高质量教育体系、实施高质量教育的根本力量。西南位育中学联合田林第二中学深入实验校教师队伍开展调查研究，聚焦学习型团队建设、师德内涵建设、阶梯形人才储备建设三个方面，明确了教师队伍建设制度，推动学校提升全面育人实效。

学习型团队建设方面，明确实验校总体发展规划，完善管理运行机制，将教师专业发展放在学校发展的首位。通过多种渠道给教师提要求，作指导，提供各种有利条件；通过开展有效校本培训、校本研修，将专家引领与同伴互助相结合，提升教师培训的高度与深度，促进教师专业发展，引导教研组、备课组、德育中心组、教工团支部等教师组织建设成为学习型组织。师德内涵建设方面，坚持把师德师风作为首要标准，推动师德师风建设常态化、长效化。将社会主义核心价值观融入教育教学全过程，厚植爱国主义情怀，以生为本，遵循学生发展规律，依托学科德育在课堂内外的浸润式传递，培养学生核心素养。班主任队伍专业化建设方面，丰富教师培养培训的途径和方法，探索培训内容的课程化建设，推进教师提升自我能力，指导新手教师在工作中学习、向他人学习，规范培训制度；引导成熟教师持续开展结构化学习，培养区校骨干班主任，建设一支素质优良、精干实效、开拓进取的班主任队伍。

（三）探索学生多元评价体系，培育学生健康人格

建立促进学生全面发展的评价体系，是当前学生评价改革的重要任务。依托西南位育中学探索学生发展的成果，通过"铸魂工程"带动田林第二中学关注学生健康全面成长的关键因素，将全面的、具体的、即时的、可操作的评价融入成长规律，改进学生评价制度体系。制定评价目标，确立评价内容，处理与分析评价结果，运用评价反馈推进路径，借助信息平台对学生参与态度、方法掌握、能力发展等情况进行表现性评价，强化过程评价导向。加强学生行为规范反馈，关注公民素质中的社会责任，重视学生活动过程中所表现出的兴趣、态度、思维火花等因素，结合表彰身边的榜样，予以及时鼓励评价，更加注重表现性评价。依据学生表现的阶段性、层次性，制定相应阶段的评价目标，体现各阶段评价目标

的延续性、递进性，营造平等、自由、民主、和谐的学校育人环境，使学生健康人格教育取得实质性进展。

（四）健全德育管理实务制度，全面提升育人质量

两校深入梳理德育管理的相关制度，以制度建设为核心保障德育管理有实效，提升依法治校水平。坚持"以学生为本"的原则，了解学生需求，让学生参与到制度建设的过程中，取得学生理解；着眼"学生发展"目标，修订完善制度以促进学生健康成长、自主发展；立足"服务学生实际"内容，使学生有认同感，发挥制度效用。常规管理走向规范化，学校德育常规有规可循、按章办事，让运作程序化的惯性力量不断推动、提升校园文明水平，把握分层评比表彰，积极构建学生自我教育、自我管理、自我激励机制，将参与评比和鞭策激励结合起来，在自我约束和激励中比出荣誉感和责任心。

（五）完善校内外育人联动机制，共促德育知行合一

两校共同推动实验校形成符合学生成长规律和认知特点、各年级段有机衔接的德育内容体系，加强德育与各学科的有机融合，开发完善专题化、校本化、社团化德育课程，积极探索民族精神教育和生命教育的实施体系及规律，大力弘扬志愿服务精神。通过开展多样形式、多种渠道的校园文化活动、年级主题教育和综合实践活动，培养学生审美情趣和综合能力。依托区域、社会场馆、学区等优质资源，促进德育无痕、自然融合。注重隐性德育资源的开发，结合学校传统文化教育，建立人与自然、社会的积极、健康、和谐、共生的正向联系，并帮助学生将这种联系融入校园生活、学习、交往等方面。

三、以"学生行为规范养成"为抓手，落实德育与文化体系合一的工作步骤

（一）健全行为规范养成制度体系，提升工作效能

在明确实施要点的基础上，西南位育中学联合田林第二中学进一步修订完善实验校内德育相关制度，以制度建设助推学生行为规范建设，通过加强各年级段主题教育分层实践、积累案例，探讨德育资源与途径的适切性，不断调整、优化资源为育人服务，以此为突破点推进德育与文化建设合一发展。

一是营造行规日常养成教育氛围。推动实验校组织开展新生入学教育，让学

生了解校史，学唱校歌，明确校规班约，遵守校园规范。政教处定期反馈学生行规，重点抓好新生的养成教育。加强校风督查队、值周班和早操学生检查队伍的管理及学生干部培训，注重学生自我教育，强化学生自主能力的培养，增强学生自主管理的能力。视导年级组工作通过"听、查、看、谈、结"环节，找到各年级学生行为规范存在的突出问题，提出教育对策和解决办法，为学生行为规范的养成、巩固助力。

二是完善重点关注学生帮教制度。对实验校不能持续遵守行为规范的学生，在点上着力，形成有序的班级、年级、政教处与家长携手育人的工作机制。从常规与细节着手，分析学生近况，探讨教育对策，以导为主，合力做好学生的个别化教育。坚持日常行为规范教育，严格日常行为管理，不断完善各级评优评先，引导学生正确认识自己、遵守规范，使行为习惯内化为自觉的言行。通过行规修身、健康心理调适，学生具备了阳光、自信等少年特质。

三是构建"社校家"德育网络，整合德育资源。带动实验校构建学校、家庭、社会三位一体的德育网络，创建利于师生发展的温馨教室、和谐校园，探讨年级家委会对育人、管理的助力点。加强对家庭教育的指导，通过家长学校、家长会等途径，使家长认同学校教育，进一步优化学生的成长环境。加强家校联系与沟通，组织家委会成员参与学校管理。关心、关注学校外省市来沪人员和外来务工人员随迁子女的学习生活。

（二）完善教师队伍培养培训机制，提升整体素质

西南位育中学充分发挥优秀人才培育制度的辐射带动作用，推动田林第二中学打造一支结构合理、师德高尚、业务精良、善于团结协作的教师队伍，形成实验校每一名教师都积极主动地在课堂中建设良好德育文化的氛围，形成专业化教师群体，同时培养出一批学校骨干教师和学科带头人，最终实现学校育人目标。

一是优化新班主任德育培训机制。按照集中学习与分散实践、支援校专家讲授和学员参与、学区基地联合培训和校本培训相结合的原则，通过网络、专题讨论、自主学习、案例教学、课题研究方法，突出班主任德育培训的研究性、实务性，灵活多样地开展德育培训活动；开设"班主任讲坛"，调动青年班主任的积极性、主动性、创造性，提高学校自培的针对性和实效性，鼓励教师多反思、勤

实践、重积累、会分享。

二是创新对班主任尤其是青年骨干班主任的培养体系。有计划选送不同任职年限的教师参加各级各类培训和研修班，不断提高班主任队伍的专业素质；建立新任、在岗、骨干班主任梯队培养模式，切实提升德育队伍的"软实力"；根据实验校的发展要求，借助支援校经验，梳理、完善各项德育制度与规范。配备优秀班主任带教新班主任，按照工作职责与内容，设立班主任准入条件；以精细化管理为切入口，努力培育班主任队伍建设的新亮点，发挥骨干班主任个体辐射、示范引领、团队研修作用，在工作中提升班主任育德研究能力，促进班主任队伍与德育课程建设；完善班主任月考核与学期评优制度，做好班主任队伍的考核与评价工作，通过每月总结和学期汇总的考核方式，及时反馈，使班主任考核工作的过程更趋合理与规范；以组团式德育项目为依托，结合校本班主任培训，通过专家讲座和班主任工作经验交流，加强德育骨干队伍的校本培训，提高德育骨干队伍的示范教育作用。

三是形成全员导师培训制度。组织全体教师学习未成年人保护法，从小事入手，从小处着眼，优化师生关系、家校合作关系，引领全体教师严格依法治教、依法从教，规范职业行为。为青年教师专业成长搭建平台，开展评优课基本功比赛，切实抓好职业初期教师培训，进一步提升教师队伍育人能力。加强班级管理检查力度和密度，做到定期与随机督查相结合，及时反馈调整工作，完善考核，推动教育反思走向深入，提升教师的教育智慧。加强德育队伍心理健康建设，探索发展"全员导师制"工作模式，加强教师心理健康知识普及培训，使教师具备一定的心理健康教育知识和心理辅导技巧，并以良好的心理素养去影响学生。

（三）优化学生实践能力培养模式，提升创新能力

以提升实验校学生综合素质为导向，西南位育中学联合田林第二中学打造校园德育思想认识和德育实践体验相结合的培育模式，围绕提升学生的实践能力打造全方位育人体系，坚持实践育人、活动育人，以实践类课程建设为基础，以学生自主管理为主要方式，让学生走进社区，了解社会。依托学生综合实践项目开展，引导、培训学生自主选择、深入学习、团队合作完成项目化任务，在活动中帮助学生将项目与日常生活、自然环境、社会发展相关联，分享成效与改进方向。

一是整合学生团队活动，提升学生综合能力。开展丰富多彩、能陶冶情操、有责任担当、能培养能力的团队活动，以丰富多彩的校园文化活动为抓手，培养学生体质求健、艺术求美的情趣，让学生在活动中体验自我管理、自我教育。借助支援校、校外机构资源，组织、辅导学生参与实践体验活动。通过集中培训、小组讨论、交流分享，不断提升学生课外实践的综合能力；设计布局校园文化建设的隐性教育资源，发挥环境文化的育人作用。

二是搭建优秀成果展示平台。鼓励学生自主参与，发挥各自潜能与特长，学会合作，追求最佳表现，在活动中获得发展。组织与学科课程相衔接的丰富多彩的综合实践活动，为学生提供展示交流、相互学习、提升能力的平台。发挥思政备课组学科优势，结合校园文化建设，拟定年度主题系列活动方案；积累学生实践经验，积极申报德育课题，探讨提高初中学生社会实践的有效性；将社会主义核心价值观融入主题教育，贴近学生生活和实际。以体验课程、校园文化和主题活动为抓手，培养学生主动参与和自主发展的意识，促进学生自信心的建立。

三是让学生的发展成长与实际生活相连。通过劳动教育形成并践行"从自己做起、从身边做起、从小事做起"的劳动价值观。创建绿色学校，引导学生立足生活，发现社区问题，投身到保护环境的实际行动中，设身处地地感受不同的环境，引导学生思考人类对环境应承担的责任，激励学生将生态道德意识内化为保护环境的自觉行动。借助社区学校课程资源，补充延伸校内课程内容，采用"引进来"提升课程内容品质，坚持多样化，凸显特色化。完善综合实践活动的评价体系，基于学生认知起点，关注参与过程与表现，注重对学生的肯定与激励，体现学生在综合实践过程中的问题解决、交流合作和批判性思考等，让学生明白自己在参与过程中的不足，促使学生灵活调整实践策略，增强项目进度管理能力与责任心。例如两校以配备教师指导、高中学生带动初中学生的方式，让学生围绕社区问题，通过调查研究，提出解决方案。在田林街道的支持下，学生深入社区居委，就"垃圾源头分类的推进和难点""老年人日间照护中心的运营"等七个问题分析原因，提出对策，既锻炼了学生的交往能力，又增强了学生的公民意识和社会责任感。

◀ **第 2 节** ▶

下好先手棋，管理和考核制度之"合作共建"

上海市各级教育行政部门为强校工程的实施和推进提供政策支持和制度保障，是强校工程建设发展的基础和动力。近年来，上海市政府始终坚持"办好每一所初中、成就每一名教师、教好每一位学生"的理念，按照"精准施策、注重内涵、提升质量"的总体工作思路，以建成"家门口的好初中"为目标，不断完善强校建设的统筹与支持体系，促进教育公平，维护社会正义。这些制度体系有力地保障"西田三元制"实践模式的运行。在西南位育中学和田林第二中学"学校共同体"建设过程中，两校始终以市、区级强校工程制度体系为指导，与学校的管理和考核制度深度融合，逐步配合推进"市、区、校"三层制度的合作共建，探索实验校强校建设管理与考核的制度保障，夯实教学常规，提升育人质量。

一、以市级工作统筹协调机制为主导，探索强校制度保障

（一）搭建实验校推进强校工程的组织领导和实施架构

在和西南位育中学的合作中，两校充分依托上海市强校工程建构的市级统筹协调机制，在充分挖掘释放区域资源潜力，坚守公平、均等配置义务教育资源的价值理念指导下，充分配合市级教育工作部门职能发挥，依托市级的统筹推进与组织管理，发挥实验校职能部门作用，压实相关部门的主体责任，加快形成合力，并探索协同推进实验校强校工程的实施。第一，西南位育中学与田林第二中学共同建立"强校工程"建设领导小组，着力协同市级层面统筹落实校内"强校工程"的实施和管理工作。领导小组切实担负起强校主体责任，对接市级强校工程要求，健全组织领导机构和工作制度，研制实施本校"强校工程"方案，统筹资源，加大投入，在制度管理层面保障好"强校工程"各项要求的有效落实。第二，田林第二中学将"强校工程"列入本校教育工作考核指标，纳入本校教育督导范围。按照市级要求，邀请强校工程专家组开展对实验校增值评估和支援校辐射引领评估，对表现突出的教师和个人给予适当的奖励。第三，合理运用市级强

校工程专项经费，重点支持实验校内涵建设，保障好学校课程教学改革、师资队伍培养、特色建设及相关配套设备添置等经费需求。第四，听取市级专家指导团队的意见，对支援校的强校工程实施方案和实验校三年实施规划进行论证，并持续进行专业指导。

（二）建立校际统筹协调机制，激发学校发展内生动力

上海市"强校工程"着眼做强内功、抬升底部，持续促进义务教育优质均衡协调发展，面对不同学校间现有教育水平的落差，推进教育公平重点升级为优质均衡，尤其突出有限教育资源的导向性、实用性与适应性，让每个孩子享受公平的良好教育。为落实市级强校工程的指导理念和要求，西南位育中学配合田林第二中学，按照"精准施策、注重内涵、提升质量"的思路，将"强校工程"与"名校长名师培养工程"相结合，与市级和区级教育工作部门推动的紧密型学区化集团化办学要求相结合，与落实推进本市高中阶段学校考试招生制度改革要求相结合，通过制度创新、政策支持和项目化实施，激发学校发展内生动力，提高办学质量，从而带动实验校全面提升教学育人水平。第一，两校联合着力推动田林第二中学作为"双名工程"的实践基地校、实验校，成为名校长名师培养锻炼的平台，搭建好促进学校校长和教师专业成长的舞台，致力于提升学校管理水平和教师专业水平。第二，联合探索机制创新，从完善学校章程、深化内部治理、凝练特色发展、传承优良风格展开，田林第二中学需立足自身实际推动个性化特色发展。第三，在西南位育中学的带动下，田林第二中学将自身纳入紧密型学区、集团建设，在两校联合的基础上突出管理团队和骨干教师流动、优质课程资源共享、教研科研共建、设施场馆共用制度。第四，西南位育中学协助田林第二中学完善治理方式，以学生核心素养培育为目标，完善学校课程实施方案，深化教学改革，优化学生综合素质评价，激发教职工的积极性和创造性。第五，优化田林第二中学以校为本的教学常规管理和考核制度。围绕课程的高效实施，提升教学质量，要求教师"备课加强针对性，上课提高实效性，作业重视有效性，辅导关注层次性，评价注重激励性"，修改完善《教学常规制度》《作业管理制度》《校本课程管理制度》等，新增制定《各学科命题、审题、阅卷、质量分析和讲评制度》《教学质量管理保障制度》《学生综合素质评价实施办法》等。第六，整

合资源，协助田林第二中学积极推进开放办学，推动家庭教育和社会教育成为学校教育的重要补充，形成学校、家庭、社区合力育人格局。

（三）充分依托市级专家团队指导，提升学校共建质量

在上海市"强校工程"的统筹推进下，市级教育主管部门牵头成立的市级专家指导团队，对各结对学校办学课程规划进行论证、指导和蹲点研究。西南位育中学和田林第二中学在"学校共同体"建设过程中，充分依托市级专门指导专家团队，邀请并听取专家团队的论证意见及指导建议，在进行初态评估的基础上，制定合理可行的实施规划，形成符合实验校办学特色的"一校一规划"。同时立足实际，积极整合区域内办学专业资源，根据实验校发展需要，联合配备一定数量的校级指导专家，进行长期的、持续性的调研和指导。在此基础上，西南位育中学联合田林第二中学发挥优质品牌辐射带动效应，在区域内开展紧密型学区化集团化办学试点，根据本校发展需求，因地制宜，由西南位育中学领衔紧密型学区化建设，鼓励优质民办学校托管，集中优势资源全方位支持实验校建设。此外，西南位育中学通过合理提高学区和集团内优秀干部、骨干教师流动到田林第二中学的比例，努力提供强有力的人才支持，两校共同实施教师联合培训、联体研修、联动科研，多渠道提升实验校干部管理能力和教师专业能力。

二、以区级层面完善细化实施策略为主线，具体落实工作机制

（一）配合落实区域强校工程统筹规划，建立科学工作机制

西南位育中学与田林第二中学积极配合徐汇区级教育工作部门推动"强校工程"的具体要求，着力完善实验校工作制度架构与评估发展机制。在区级专门领导小组和工作组的推动下，田林第二中学配合具体修订和细化实施方案，建立健全并具体落实工作机制；与支援校西南位育中学定期研究解决强校工程实验校发展过程中的问题和困难，对实验校阶段性的工作推进情况进行汇总并给予反馈和指导。立足推进教育均衡化过程和中考改革背景，西南位育中学和田林第二中学深入理解初中强校工程的重要性，在"学校共同体"建设上做到"真均衡、真谋划、真思考、真推进"。根据徐汇区"强校工程"实施的相关指导要求，两校从明确问题、需求、特色导向，强调质量意识，对接中考改革和加大宣传力度四个

方面相互配合，具体展开，着力推动构建实验校考核与发展制度，从而改善教育教学状态，增强学校办学特色和整体办学质量。通过进一步规范教学管理和考核制度，实验校提升了教师专业发展的内驱力，加强了研修团队建设，优化调整了《教学业绩考核管理制度》《教师岗位等级晋升方案》《校级骨干评审考核方案》《优秀教研组备课组评审方案》等，致力于把田林第二中学创建成为全区乃至全市的新优质项目学校，成为老百姓家门口的好学校。

（二）坚持外部支持与内生增长协同发力，打造质量提升机制

为配合徐汇区政府层面坚持实验校分类研究的相关举措，西南位育中学与田林第二中学共同打造联动外部支持与挖掘学校内生发展相结合的工作质量提升机制。针对田林第二中学的管理班子，通过引进支援校优秀党政干部参与管理的方式，积极接待西南位育中学以及区级层面安排的优秀校长和教师到校指导，结合名校长带教、专业培训强化、全面参与实验校校长和骨干教师的专题集中培训等方式，提高校长的教育理论水平和专业领导水平，提升学校骨干教师的专业素养和课程实施能力。同时，在徐汇区以及西南位育中学专家团队的支持下，田林第二中学积极调整对本校的各类检查与评估方式，切实保障学校的办学自主权，一方面有效利用外部支持，另一方面利用专业资源，聚焦学校教职工的内生动力和实践智慧。结合紧密型学区化集团化办学工作，学校引入学区和集团的各类优质资源，争取更多更好的机会和平台。

（三）发挥名校长和优质名师的带动作用，用好校际联动机制

要建强实验校，专家引领是必不可少的支持措施。相较于市级专家团队，徐汇区专家更了解区域资源以及各学校工作特色等具体情况，能够更加因地制宜地进行指导。西南位育中学协助田林第二中学积极落实区级政府层面结合"双名工程"以及本教育系统的学科带头人、骨干教师培养工程，为本校配备市区级名校长和优质名师。通过外部引进、区域调配和学校培养等途径，配备不少于一名市级名校长、两名名师的专家小组。定期对接并邀请由教研员牵头的区级公办初中强校工程专家指导团，为学校提供有效的专业指导，切实促进学校教师的专业成长。同时，在区教育主管部门的指导下，西南位育中学联合田林第二中学不断探索完善"双名工程"培养对象服务强校工程实验校的工作机制，将服务工作纳入

教师专业发展动态过程，落实中学阶段名校长和名师培养对象必须有在实验校专职服务的经历等具体举措。对于到田林第二中学工作的"双名工程"培养对象，在校长职级和教师职称申报评定方面给予他们一定的倾斜。

三、以校级层面健全激励与考核制度为主轴，提升课程教学质量

（一）重点构建全面客观的考核评价制度体系

科学合理地构建激励与考核机制，能有效提升教师的工作积极性，促进基础课程的教学质量。根据教育部、上海市教委文件要求，结合上海市及徐汇区实施"强校工程"的指示精神和指导意见，西南位育中学与田林第二中学共商共诊，结合上海市义务教育均衡发展评价办法"绿色指标2.0"，组织相关专家、教师针对实验校实际情况共商共诊，充分参与考核系统构建，积极制定完善的实验校教育质量提升激励与考核制度，确保考核评价的全面客观。第一，由督导组专家、同行教师、学生以及教师自己组成考核评价小组，并将这些评价的成绩按权重给予一定的比重：督导组专家的比重占30%，教师同行评价占30%，学生评价占30%，教师自评占10%。第二，为了确保评价的真实性，利用实验校现有的教室录像直播设备随时对教师教学进行评价，避免传统进课堂听课评价方式。第三，为了确保学生评价的合理性和客观性，在学生评教成绩中，注重平时评教和期末评教相结合。例如，在平时评教中，学生重点针对教师授课中存在的问题进行意见反馈，以便教师更好地调整和及时改正；在期末评教中，重点体现学生对该教师整个学期的授课情况进行综合评价，其数据通常作为学生评教的最终成绩。第四，在学生期末评教之前加强宣传。田林第二中学教学副校长和班主任组织学生班干部进行学习，强调评教的重要性和责任性，让班干部在班级进行宣讲，保证对教师评教的公正性，以此保证学生期末评教数据的客观性。

（二）多维打造"三位一体"的多元激励机制

激励机制即在尊重教师主体性的基础上，通过多种外部诱因来满足其正当需要，从而激活教师内驱力，维系教师积极行为。为此，西南位育中学和田林第二中学经过对相关领域的调研，提出了构建实验校、教师、学生三个层面的"三位一体"多元激励机制。从校级层面统筹规划，根据不同科目教师类型制定不同的

激励机制，重视教师在教学过程中的投入，从不同维度设立激励奖励机制。从教师层面规划，鼓励教师积极参与激励机制方案的建设，积极承担教学任务和教学研究。如果教学任务超过基本工作量的50%，且任课班级的期末统考成绩名列前茅，除超工作量的绩效奖励外，应当给予一定的精神奖励，如教学优秀奖等。从学生层面规划，如果学生在期末评教中连续两年以上对该教师给予优秀评价，则应当给予教师精神和物质上的奖励。同时，每年在全校或全院范围内评选出学生心目中的好老师，以此激励教师在教学过程的投入，从而带动教学质量和教学水平的提升。

（三）全面完善教师统一考核评价与激励机制

为了有效提升实验校课堂教学质量，实现田林第二中学教师的考核评价与激励机制有效统一，田林第二中学充分吸纳西南位育中学激励与考核评价制度的经验，从全局进行统筹规划，通过在各个教研室层面协调统一以及鼓励引导大量教师积极参与，以系统性思维积极制定合理有效的任课教师考核评价与激励机制，有效提升教师的教学积极性和主动性，提升教育教学效果。

第一，建立合理访学激励机制。为了实现强校计划的建设目标，田林第二中学加大对任课教师的培养与提升力度，由教务处、人事处和相关部门每年组织推荐语、数、外基础课程骨干教师参加访学研修项目，旨在加大主干课程教师培养力度，优化教师知识结构，提高教师教学能力和科研水平。访学从最初半年时间，到现在的一年，在访学期间工作量可以减免，访学费用由学校提供，同时，也要求访学教师归来时须提交一篇论文，立项一项教改项目或科研项目等，访学结束后的考核重点在于教学方法与教学改革，从而进一步了解学校与国内著名中学的差距，提高学校主干课程课堂教学水平。

第二，加强教学团队的建设与投入。实验校教师承担着学校培养学生基础知识的责任，每门课程都有一定数量的教师进行授课，将这些课程的任课教师组织成一个教学团队，负责该课程的教学大纲与教学方法的改进与研究等。同时，为了能有效地进行教学方法与教学改革以及外出调研等活动，学校为教学团队提供一定的经费用于教学研究。

第三，制定合理的职称评定方案。田林第二中学在制定职称评定方案时，主要采用以教学改革与研究论文、教改项目、教学考核评价、教学优秀奖、教学成果、同行评价和学生评价等为主，以科研项目、科研论文等为辅的实验校职称评定方案，以此激励任课教师投身于教学活动和教学研究。

第四，提升学历和科研水平。现阶段田林第二中学教师的学历水平以硕士学位居多，需通过继续深造、继续学习的方式来提升自身的学历。为此，田林第二中学多措并举，对继续深造的教师给予一定的支持激励政策。同时，为激发公共基础课任课教师的科研兴趣，提高科研水平，学校将有潜力的教师编入各个科研团队，提供科研训练场地，聘请专家指导，协助其提高科研水平。

（四）着力建设教学质量监控与评价考核闭环管理系统

依托西南位育中学教学管理的相关经验，田林第二中学对教学环节实行过程性闭环管理，有布置必检查，有检查必反馈，有反馈必改进，最后的改进结果与教师业务考核挂钩。针对备课环节，学校要求教师基于课程标准进行单元教学设计，在备课时根据生情学情，依据教学手册将课程标准具体化，并据此来确定每节课的教学目标，选择教学活动设计学习评价。在每学期进行两次全员性的教案检查，结合教学视导及公开课进行全时段的三级（教研组、教导处、校长室）检查。再如，针对考试评价环节，学校增订《各学科命题、审题、阅卷、质量分析和讲评制度》，在阶段性测试、期中考试、期末考试前，由教导处、教研组指定命题人，教师在命题时所涉及的知识与能力范围必须符合课程标准，注重知识面的覆盖，并认真制定好双向细目表，难易度适当。学校统一考试，教师流水阅卷，及时讲评，通过对错题的订正和变式训练，加强对学困生的个别辅导，确保每个学生做到"事后一百分"。在教师认真对所任教班级质量分析的基础上，还需在备课组（侧重命题评价、问题分析、后续教学改进）、教研组（侧重命题质量反馈、共性问题交流、有效教学研修）、年级组（侧重学科间的协调与平衡、学生个体非智力因素调动与管理）三个层面进行有针对性、有重点的分析，为下阶段学校课程的高效实施提供依据和保障。学校要定期监测各学科的教学质量现状，全面分析教学工作存在的问题，不断探索提高教学质量的方法和措施，完善和建立竞争激励机制，充分调动教与学两方面的积极性，不断提高教育教学质量。

◀ **第3节** ▶

实施关键招，课程领导力效能之"合力提升"

新课程改革中首次提出了教师是课程的"开发者"和"建设者"，因而教师不再是传统的"教书匠"，而应转变身份成为课程的领导者。课程的建设和提升是学校教育质量提升的根基和保障。课程领导力是指中小学教师在落实学科课程目标的过程中，积极运用自己的专业知识和专业能力进行专业实践（教育教学），并在学生、同事、家长及其他相关工作人员中产生的影响、作用和效能。教师是推进新课程改革的核心人群，教师课程领导力的提升能够改进课程实践和课程建设，与教师的专业成长息息相关，也与学校的高质量发展息息相关，更与新时代教育高质量发展息息相关。

西南位育中学和田林第二中学始终将构建提升教师课程领导力的制度体系作为"铸魂工程"的关键来抓，以期持续提升全体教师在课程设计、实施过程中的领导力和执行力。通过对课程与教学的关键要素开展行动研究，实验校整合形成了一套以学生发展核心素养为核心的动力机制，助推深化教育教学改革，最终实现开发指向学生发展核心素养的综合课程群和设计实施导向学科素养的单元教学模式，从而推动课程领导力效能提升，切实提高全体教师的课程与教学质量。

一、围着"学生发展核心素养"转，关注课程领导力效能提升的主要动力

（一）培育学生发展核心素养是课程领导力建设的核心关切

学生发展核心素养主要指学生应具备的、能够适应终身发展和社会发展需要的必备品格和关键能力，是课程领导力效能的主要发展动力。培育与发展学生的核心素养，是落实立德树人根本任务的一项重要举措，也是适应教育改革发展趋势，培育德才兼备高素质人才的迫切需要。中国学生发展核心素养以培养"全面发展的人"为核心，分为文化基础、自主发展、社会参与三个方面，综合表现为人文底蕴、科学精神、学会学习、健康生活、责任担当、实践创新等六大素养，

具体细化为国家认同等十八个基本要点。

教师课程领导力的提升，核心关切就是要不断创新和发展学校的教育教学工作，帮助学生发展核心素养，这不仅体现在学校育人目标的进一步再构和提升，更是要对原有的课程体系进行优化和完善；不仅要对原有的教学内容进行重组和选择，更要改善学生的学习方式，提升教师的教学能力。因此，在学校课程计划与实施中要匹配与学生发展核心素养相契合的培养目标，大力倡导和精心设计指向学生核心素养发展的课程，优化和完善学校课程体系，为课程领导力效能提升提供主要动力。

（二）针对实验校校情构建可持续的课程领导力发展框架

基于学生发展核心素养的培养，基于学校未来发展的育人需要，实验校课程领导力效能提升应以学生核心素养培养为出发点，深化跨学科特色课程建设，不断提升学校课程品质，构建一个指向学生发展核心素养、符合学校办学价值追求、满足学生个性需求的多元课程。

1. 全面分析学校当前课程领导力现状

在西南位育中学教师团队的支持下，田林第二中学通过课题研究、校内调研等方式对实验校教师课程领导力现状进行了调查和分析。对于"上海市提升中小学课程领导力行动研究"项目的教师调查问卷中第18题"您认为近期（2—3年内）贵校的研究重点应该放在哪里"，学校有51.5%的教师认为应放在学校课程计划编制上，有48.49%的教师认为应放在跨学科实践创新课程的建设上。而从2019学年的学校课程现状来看，课程计划能与学校办学目标以及学生培养目标相一致，但如何匹配学生核心素养发展、如何提升课程品质、如何增强学校核心竞争力，没有进一步的体现。整个课程计划的层次和立意无法跟上时代发展的步伐，无法呼应教育改革的要求。

此外，学校的课程体系有完整的框架结构但不够均衡，片面重视考试学科，尤其是中考考试学科，和研究性学习相关的课程以及和学生实践活动相关的课程几乎没有，不利于学生核心素养的培育，这种忽视课程体系完整性和科学性的现状需要改变。

2. 构建可持续的教师课程领导力提升框架

基于实验校课程领导力建设的现状和问题分析，西南位育中学和田林第二中学共同架构了提升实验校教师课程领导力的制度框架，明确了目标和任务。首先，必须紧紧围绕核心素养三个方面、六大素养、十八个基本点，通过初中跨学科课程的开发与实施构建切合学校特点的、指向学生核心素养发展的、多元立体的学校特色课程。其次，要创新探索跨学科课程在本校的开发与实施，对跨学科课程开发的育人目标、体系设计、实施策略、资源利用、实施管理和评价反馈等方面开展研究。再次，要通过跨学科课程的实施提升学生学习能力，提供学生真实面对问题的教学场景，培养学生问题意识和解决问题的实际能力。最后，指向学生核心素养发展的学校课程体系要突出体现校本性，应该结合学校的办学目标、办学特色、教师特长以及学生的实际，结合学校所处的区域和环境特点选择资源、组织活动，在核心素养的目标引领下，结合学科内容和特点精心设计课程，丰富学校课程体系。

二、围着"深化教育教学改革"办，认定课程领导力效能提升的价值意义

（一）推动教育教学改革是课程领导力建设的价值所在

推动深化教学设计、教学评价、教研任务等全方面改革，是课程领导力效能提升的应有义。《关于深化教育教学改革全面提高义务教育质量的意见》强调，"在提升智育水平方面，要着力培养学生认知能力，促进思维发展，激发创新意识。严格按照国家课程方案和课程标准实施教学，确保学生达到国家规定的学业质量标准。充分发挥教师的主导作用，引导教师深入理解学科特点、知识结构、思想方法，科学把握学生认知规律，上好每一堂课。突出学生主体地位，注重保护学生好奇心、想象力、求知欲，激发学习兴趣，提高学习能力。"这也对学校课程领导力建设提出了明确的要求。

在西南位育中学的支持下，田林第二中学研究落实"从标准—单元—课时"的国家课程校本化实施，在推动教学设计改革的同时推动课堂领导力效能的提升，解决教师课堂教学随意性大的问题，打破教师基于经验或基于教材甚至基于习题的教学，引导教师聚焦教与学方式的改进，探索指向核心素养培养、以学生

学习为中心的课堂教学形态，聚焦学习活动、学习支持、学习评价和学习资源的设计开发。同时，积极开发指向学生发展核心素养的综合课程群，通过综合课程的实施提升学生学习能力、问题意识和解决问题的实际能力。

（二）创新实验校"教学评"一体化课程领导力建设方案

1. 开发教学评价改革范式，推动课程领导力改革

教学评价的改革首先包括课堂习题、作业、测验、考试在内的一系列教学评价工具使用的完善和提升。在西南位育中学的引领下，田林第二中学注重用评价引领课程建设、检验课程实施质量、诊断课程教学问题，并不断改进和完善教学来解决问题，进一步建设与完善以校为本的教学质量保障体系，在评价层面推动课堂领导力效能的提升。依托设计与实施导向学科素养的单元教学，实验校主要探索国家课程校本化实施的途径和方法，通过国家课程标准—学科教学指南—教学手册—教学设计的三级转化，实现教学目标、教学过程、教学评价的一致性，再辅以对中考试题的研究和考点分析，完成校本的"三练"题库建设，即课时练、课后练、单元练，形成以学习为中心、评价反馈为保障的课堂教学范式，建设与完善以校为本的教学质量保障体系，从而不断推动教师课程领导力改革发展，促进学生学科素养和综合能力的整体提高。

2. 设置师生研修任务机制，提升课程领导力效能

指向课程领导力效能提升的课堂教学，有赖于开展深度学习使学生的学习活动真正成为自主性、建构性的学习过程，这就要求减少和摒弃课堂中的浅层甚至虚假学习。教师作为学生学习的引领者、维持者和强化者，通过设计蕴含意义（真实情景和问题解决）的任务，让学生展开高投入、高认知和高表现的个性化学习。这就要求课堂的主导者教师不仅要在知识的讲解和传递方面有较高的造诣，还要在课堂组织、教学形式、情景教学、互动教学等领域有较深的理解力和执行力，需要通过教师研修进一步提升教师的创造力和教学能力。西南位育中学通过与田林第二中学开展联合教研、联体研修、联动科研等方式，解决教研流于形式、重任务布置轻教学研修的问题，形成校本教师研修课程与研修机制，有效促进教师教学能力和科研能力的提升，多渠道、全方位地推动教师提升课程领导

力。在课堂教学中，教师也可以针对学生开展研究型、项目化、合作式学习，坚持教学相长，注重启发式、互动式、探究式教学。这就要求教师课前要指导学生做好预习，课上要讲清重点难点、知识体系，引导学生主动思考、积极提问、自主探究；要融合运用传统与现代技术手段，重视情境教学，探索基于学科的课程综合化教学，精准分析学情，重视差异化教学和个别化指导。

由此，深化教育教学任务的改革，对标的是田林第二中学目前亟须改进的现状，解决的是田林第二中学现阶段发展过程中最需要解决的问题。以课程领导力效能提升来撬动实验校教学改革，进而找到一条适合学校发展的、能够适应当前教育改革形势需要的、能够促进教师队伍专业化提升的、能够促进学生深度学习的，进而提高学生学业水平的道路。

三、围着"综合课程群开发"发力，明晰课程领导力效能提升的主要策略

（一）综合课程群开发是提升教师课程领导力的重要途径

综合课程群的开发能促进教师自觉形成以学生成长为本的教学意识，是促使教师关注学生学习需求从而不断提升教学能力的有效途径，是课程领导力效能提升的主要策略。综合课程群是新课程的一种形态，但并没有现成的课程样式。基于学科的综合性课程及基于综合实践活动的课程都需要学校进行自主开发，对于长期处于课程执行生态下的教师来说，这无疑是一大挑战。因此，综合课程群的开发能改变教师传统的课程思想，能增强教师的课改意识，改善教师教学思维和行为，从而不断提升教师的专业能力。

1. 通过前期培训，在全体教师中树立综合课程群开发的思维意识

依托西南位育中学的相关优质资源，开展针对性培训提升田林第二中学教师课程理论素养与课程统整认知力。一是基于实验校学生发展核心素养的培养，基于学校未来发展的育人需要，以立足学生核心素养培养为出发点，深化跨学科特色课程建设，不断提升学校课程品质，构建一个指向学生发展核心素养、符合学校办学价值追求、满足学生个性需求的多元的综合课程群体系。二是通过强化相关理论培训，促进教师自觉形成以学生为本的课程目标意识和指向学生深度学习

过程的教学设计能力，不断提升教师的专业素养和教学能力。

2. 通过课程设计实践，提升教师课程构建能力

两校通力合作，组织骨干教师分期分段开发各项综合课程，再通过课程统整，将各项综合课程统整为适合田林第二中学学情与指向学生发展核心素养的综合课程群。一是提升实验校教师综合课程群的开发实施能力。提升教师课程理论素养和课程建构能力最有效的途径就是课程的开发与实施，而综合课程群是整合多个学科领域，打破学科间壁垒而建立的一种融合性的课程。教师通过自主开发课程群，参与融合课程实施、评价的全过程，有助于其形成课程意识，不断提升课程开发与实施能力。二是初步开发若干指向实验校学生发展核心素养的综合课程群。核心素养的提出是基础教育课程改革的创新点，是落实立德树人根本任务的一项重要举措。本项目围绕核心素养，将进一步明确学校的课程目标，进一步优化课程的内容及结构，改变原来课程体系中学科设置不合理、结构不完整、特色不凸显等问题，进一步完善课程实施、评价和管理的各环节，通过综合课程群的开发与实施构建符合学校办学价值追求、满足学生个性发展需求、丰富而又可供选择的多元课程。三是探索综合课程群在实验校的开发与实施。对综合课程群开发的育人目标、体系设计、实施策略、资源利用、实施管理和评价反馈等方面开展研究。

3. 通过有计划的综合课程群的学习，提升学生学习力和创新实践能力

具有实验校校本特色的综合课程群建设对于田林第二中学学生综合素养的提升具有积极的意义。一是通过综合课程群的学习，培养实验校学生采集、整理、分析和建构信息的通识学习能力，并在真实教学情景中培养学生问题意识和解决问题的实际能力。通过综合课程群的有效实施，提高学生学习效率。二是提升实验校学生学习力和创新实践能力。通过综合课程群的一系列学习，丰富学生的学习内容，优化学生的学习方式，为学生提供多元而有意义的学习经历，培养学生实践能力和创新精神，真正指向实验校学生发展核心素养。

（二）精准构建实验校拓展型、探究型校本综合课程群模式

1. 基于校情和生情的综合课程教学设计的编制与完善

在明确建设方案的基础上，西南位育中学和田林第二中学共同梳理整合资

源，在语文、数学、英语学科中有步骤、有计划地推进基于课程标准的综合课程实施工作。一是以单元教学设计为切入点，深入研究导向学科核心素养的课堂教学，准确解读模块课程的价值与功能，准确把握基于标准的单元教学设计的新要求，正确处理各单元模块之间的关系，探索单元教学设计及实施的规律和方法，形成相应的规则和可操作程序（即形成基于校情生情的设计样例），使其具有在其他年级甚至在同类型学校推广的价值和意义。二是构建"从标准—单元—课时"的教师教学理解与教学设计能力的发展框架。依托市区两级学科教学指南，依托专家组指导，立足实验校校情，支援校与实验校共同梳理规划学生学习发展分级目标，针对不同层次学生的情况合理解读与选择教材单元学习内容，确定不同层级的标准化课型，设计相应的有效学习的活动与评价标准体系，帮助实验校形成校本学科教学单元案例与课堂教学范式。

2. 结合对中考试题的研究和考点分析，完成综合课程的"三练"题库建设

组织抽调西南位育中学和田林第二中学优秀教师，以语文、数学、英语各学科备课组为单位，立足对中考试题研究和考点分析，针对田林第二中学校情和生情以及综合课程的不同，建立科学的、有效的"三练"题库。"三练"题库即课时练、课后练、单元练的题库。课时练主要针对课时教学的重难点内容，解决课堂学习内容与测评形式脱节、课堂教学内容检测反馈效度低等问题，最终达到课课有学案的目标。课后练争取在每节课课后帮助学生做到有巩固、有分层、有提高，题目设计力求题题精准、题题有效，能将每位学生核心知识与能力的掌握情况反馈给教师。单元练在每一阶段知识点学习完毕后，帮助学生复现与梳理单元学习核心内容，发现盲点与学习薄弱之处，从而做好知识的融会贯通与综合运用。建立题库持续更新机制，每年修改完成题库中至少 25% 的题目，使题库更具有针对性和有效性。

3. 建立"计划—行动—考察—反思"的综合课程教学研究模式

提升田林第二中学教师教学思维品质，形成综合课程教师研修课程与研修机制。一是明确综合课程的学习任务与内容。通过区级、学区、校级培训，帮助实验校教师了解基于综合课程标准单元教学设计的目的、意义、内涵要求及组成要

素等。二是明确单元设计的任务与内容。实验校教研组全体教师参与单元设计样例的撰写工作,明确单元主要内容及课时分配、单元教材编写意图(含课标要求理解分析)、单元教材内容的学科核心思想,完成单元目标研制、单元作业设计、单元评价方案的设计及表格式教案的撰写。三是明确实验校教师研训的任务与内容。以教研组为单位,通过理论学习、分工完成样例、培训样例讨论、修改样例、再培训样例讨论、编制与实践、文本讨论、实践修改完善、定稿推广(教学展示)等工作任务链,建立综合课程教师研训工作机制。

附录"1+1"

强校重在强师

教学案例

问题引领式探究学习
——以"圆的面积"的教学为例
田林第二中学 刘楠楠(数学教师)

数学课堂要关注学生的学习过程,创设自由开放的学习空间,根据课程安排,在确定课时目标的基础上,围绕学习目标设计关键问题,通过核心问题的引领,鼓励学生自主探究,重视学生的学习体验,引导学生思考,实现思维进阶,促进学生发展。本文以"圆的面积"教学为例,浅谈基于问题引领的数学探究的实践与思考。

一、研读课程标准,确定课时目标

1. 研读课程标准

课程标准是国家制定的指导课程实施的纲领性文件。因此,确定课时目标应该依据课程标准。课程标准中对本章节内容的要求为：通过操作，了解圆的周长与直径的比为定值，掌握圆的周长公式；探索并掌握圆的面积公式，并能解决简单的实际问题。

然而，课程标准作为宏观的教育目标体系，其中的教育目标是比较抽象和宽泛的。因此，制定课时目标应该对课程标准中的教育目标进行分解细化，让目标具体化、可操作、可检测，能够落实到课堂中，直接指导教学与评价。

2. 教材分析和学情分析

《圆和扇形》这一章节的内容是学生在认识了圆的特征、学习过直线型图形面积公式的基础上，学习圆的有关概念及其周长和面积，再从整体到部分，继续学习圆弧和扇形。这部分内容是从直观认识几何到实验几何的转入，也为后续实验几何进入论证几何做好渗透和准备。学生已经学过三角形、长方形、正方形、平行四边形、梯形等图形的面积，但不少学生对面积公式的由来比较模糊，因此在教学时应首先引导学生回顾平行四边形、三角形和梯形面积公式的推导过程，即利用剪、拼、移进行转化，从而推导出公式，为圆的面积的转化打下基础。另外，学生在研究圆的面积该如何转化为已学图形的面积时可能会遇到比较大的困难，所以笔者会让学生在充分的思考、讨论和交流的基础上理解如何转化。

3. 确定课时目标

基于课程目标以及对教学内容和学生情况的分析，本课时的概念和公式的运用内容对学生来说难度适宜，但是圆的面积公式的推导使得学生无从下手，因此，笔者在实际操作环节会做好引导。在此基础上，将《圆的面积》这节课的课时目标设定为：（1）了解圆的面积的概念；（2）体验圆的面积公式的推导过程，在操作实验中，感悟"化归"和"无限逼近"的数学思想；（3）掌握圆的面积公式，学会利用圆的面积公式进行简单计算。本节课教学重点和教学难点确定为圆的面积公式的理解和运用，以及如何推导圆的面积公式。

二、围绕学习目标，提炼核心问题

数学课堂的核心问题是指一节课中主要的、具有思维价值的问题。核心问题是围绕学习目标和基于学习的重要内容进行提炼的，是需要学生在课堂上进行深入探究和重点解决的问题。问题的设计要按照一定的逻辑和结构来精心设计，通过问题的设计启发学生思考，引导学生探究，从而达到解决问题和培养学生自主学习的目的。

本节课最核心的问题是"探究圆的面积公式"，以此为中心向外辐射设计关键问题"什么是圆的面积""如何推导圆的面积公式""如何利用圆的面积解决生活中的实际问题"。在关键问题的展开研究中，可以设计问题串来引导学生学习。比如在推导圆的面积公式时，可以设计以下问题串：（1）我们学习过哪些平面图形的面积公式？（2）怎样学习这些图形的面积公式？（3）类比上述图形面积公式的探究方法，如何把圆转化成我们学过的图形？

三、结合问题设计，探究解决路径

数学的学习是需要逻辑性和系统性的，沿着一条清晰的脉络引导学生学习，更有利于学生对课时内容的理解和对整体的把握。笔者对圆的面积这一节课进行了脉络梳理：（1）从现实情景中抽象出有关圆的面积问题；（2）用数学观点解释问题，从而引出课题；（3）通过实践操作将问题转化为已学知识，从而探究出圆的面积公式；（4）利用圆的面积公式进行简单的计算；（5）课堂总结，提炼内容，思想升华。

1. 情景引入，提出问题

一只小狗被主人用绳子拴在草地上，小狗能够活动的范围有多大？学生通过对"小狗活动的最大范围可以看作是一个什么数学图形？""小狗的活动区域是什么？"这两个问题的回答来理解什么是圆的面积。在此过程中，为了让学生更好地理解圆的面积，笔者进行了动画演示。此环节的目的是通过将生活问题数学化，引发学生思考，激发学生探究圆的面积的兴趣。

2. 活动推进，自主探究

通过"我们学习过哪些平面图形的面积公式？""是怎样学习这些图形的面积公式的？"两个问题，学生可以复习已学直线型图形（即长方形、平行四边形、三角形和梯形）的面积公式，即通过图形"割补"的方法，将不熟悉的图形转化为已学图形来研究。比如在学习三角形和梯形的面积公式时，将两个完全相同的图形拼成平行四边形，能够实现转换的原因是将相等的线段拼在一起，为后续圆沿着半径剪切进行转化做铺垫。接着,在此基础上,让学生继续思考:"类比上述图形面积公式的探究方法,如何把圆转化为我们学过的图形?"学生会想到将曲线型的图形圆进行分割拼接,组成已经学习过的图形。

接着,通过问题串方式引导学生动手实践,解决本节课的难点,即为什么沿着圆形的半径分以及如何拼,让学生经历圆转化为直线型图形的过程。在学生动手操作后,笔者利用 Flash 动画展示圆被等分成 32 份、64 份……随着份数的增多,拼得的图形越来越接近长方形,进而拼后图形的面积与圆的面积相等,以及根据长方形的长和宽与圆的周长和半径的关系两个方面推出圆的面积公式。

3. 新知运用,解决问题

数学的学习是从问题的提出开始,在问题的解决中发展。在解决问题的过程中,可以引导学生经历知识产生的过程,更好地理解数学知识的本质,把握知识之间的联系;在应用与拓展中,提升学生的思维品质,促进学生能力的发展。

首先,应用所学知识解决本堂课开端问题(生活中的实际问题)。由生活中的实际问题引出圆的面积,再由圆的面积去解决小狗活动范围这样的实际问题。在学以致用的基础上启发学生思考:要求圆的面积需要知道什么条件?学生想到了已知半径、直径、周长都可以求出圆的面积。然后,利用有一定深度的数学问题,充分地展现学生的思维。此时教师引导学生思考:已知图 2-1 中长方形的周长,如何求圆的面积?接着,如果知道正方形的面积,你们能求出圆的面积吗?已知图 2-2 中正方形的面积是 8 平方厘米,你能算出圆的面积吗?如果根据正方形的面积求正方形的边长,再求圆的半径,就会出现无理数。笔者引导学生突破已有认知,找到问题解决的突破口,即正方形的面积的 $\frac{1}{4}$ 就是圆半径的平方,从而求出圆的面积。这样可以发展学生的数学思维,提升学生解决问题、观察图形和分析图形的能力。

图 2-1

图 2-2

四、开放学习空间，注重学生体验

充足的思考时间和研究空间、开放的探究活动可以让学生有更丰富的感悟体验，有更多智慧的碰撞，会促进思维向纵深发展。在推导圆的面积公式的方法时，笔者没有直接给出具体的、单一的方法，而是通过精心设计的问题串引导学生探索，创设开放的问题情境，提供学习用具，在多种方法的交流中体验感悟，在不同思考的比较分析中内化提升。

在推导圆的面积公式环节，要解决的关键问题是如何剪、如何拼。通过问题"圆和所学的这些图形最大的区别是什么？""要将曲线型图形转化为直线型图形，关键是出现什么？"，根据前面"平面图形能够实现转化是将相等的线段拼在一起的"，此时有学生想到要出现相等的线段就要将圆沿着半径剪切。此时让学生自主尝试，主要出现以下情况：大部分学生把圆剪成了若干个扇形，尝试拼成平行四边形，还有一位学生把圆无限对折，然后减去扇形上半部分——弓形，有的拼接可能没那么规范，但是学生的做法都体现了化曲为直的思想。

在学生自主探究的过程中，笔者一直保持问题意识，捕捉学生的困惑，引发学生思维碰撞与深度思考。此时可以继续引导学生思考："比较以上剪拼方法，有什么相同点和不同点？""你们觉得如何剪圆和如何拼接更方便？""转化成什么图形比较方便推导出它的面积计算公式？"学生经历了自主探究的过程，对不同做法分析比较，会有更多的体验与思考，深切体会到把圆剪切成大小相等的小扇形，转化成长方形的方法更优化，既方便进行图形的切拼转化，又利于面积计算的方法推导。这种设计可以让学生理解为什么要沿着半径剪而且等分，顺势突破这节课的难点。

除此之外，笔者还利用视频动画向学生展示古人研究圆的面积以及现代技术中圆的面积的转化方法。无论是哪种方法，都是将曲线型图形转化为直线型图形，再次渗透转化思想。有的学生可能还有其他的思路，笔者建议感兴趣的学生可以课后继续研究。通过动画演示，学生进一步了解了化曲为直的多维思路，更深入地理解了圆的面积计算的推导方法，促进了学生思维的进阶。

数学课堂中的问题引领有助于帮助学生搭建思维的阶梯，激发学生学习的内驱力，主动寻找解决问题的路径与方法。以核心问题为中心，向外辐射关键问题，并根据关键问题设计问题，给足时间和空间，引导学生自主探究、合作交流。通过自主探究，让学生经历知识的产生过程，更有利于知识的内化和对整体的把握，使课堂学习更加高效、更有深度。学生在学习的过程中也会不断发展数学思维，提升学习能力。

教师感悟 ··

教师：周佳妮

入职时间：2012 年

交流轮岗时间：2021 年 9 月至 2022 年 6 月

流出校：田林第二中学（八年级数学）

流入校：西南位育中学（七年级数学）

非常荣幸我能成为田林第二中学的交流教师代表来到西南位育中学，一年的轮岗经历让我感受到了西南位育中学这个大家庭的温暖，体会到了西南位育中学的文化精神，感悟到了西南位育中学的教育理念。

交流期间，我承担了初一（8）班的教学工作。在西南位育中学老师们的帮助下，我能够较好地适应新学校的各项要求，顺利完成各项常规工作。同时，我也珍惜这次学习机会，向周边的老师们虚心学习，并结合自身的实际不断反思精进，希望自身的教育教学能力能够不断提升。除常规教学工作外，我还积极响应该校的分层教学，坚持根据实际教学进度及学生的学习情况，每周设计一套双基夯实练习卷，帮助 C 层学生以练代复、温故知新、查漏补缺。

西南位育中学先进的教学理念和管理方式，老师们严格的教学风格、深厚的理论知识、丰富的教学经验和对学生们无比的关怀都给我树立了好榜样，让我受益匪浅。协同工作的教育教学模式，不但让日常工作效率事半功倍，也让教师间有了更多的学习和交流的机会。西南位育中学数学组浓厚的教学研讨氛围，促使我不断地学习和思考，提升自身的教学能力。初一年级组的和谐气氛，让我深刻感受到西南位育中学老师们的热情与温暖，西南位育中学的学生们也给我留下了活泼开朗、多才多艺的印象。

时光荏苒，一年转瞬即逝。交流期间的工作充实而忙碌，在完成各项任务的过程中我不断成长，收获颇丰。这一年的经历将成为我珍贵而美好的回忆，感恩田林第二中学和西南位育中学提供的学习交流平台。在未来的工作中，我会利用学到的宝贵经验继续实践，不断提升自身的教育教学能力。

交流评价 ··

周佳妮老师是一位优秀的青年教师。在我校初一年级任教的一年时间里，她出色地完成了初一（8）班的教学任务，得到了班级同学和家长的认可。同时，她主动承担一些备课组的事务，成为备课组的重要助力。在与老师们一起备课、研讨的过程中，周佳妮老师能够严谨求教，积极参与听评课，并能利用在不同学校教学经验的优势，提出很不错的建议。本学年，周佳妮老师还参与了"空中课堂"区级课程的录制任务，这对周佳妮老师来说，是充满干劲又非常充实有意义的一件事。

强校重在强事

加强学校制度建设是约束、规范、激励和引导学校及师生的行为和发展方向，是推进学校教育高质量发展的必然要求。西南位育中学与田林第二中学积极听取市级专门指导专家团队意见及建议，立足实际，积极整合区域内办学专业资源，在进行初态评估的基础上，共同研讨制定覆盖两所学校共同体建设各领域的合理可行的实施制度，使得两校各项管理工作有章可循、有制可遵、有据可依、有度可评，为逐步实现学校工作管理科学化、规范化、制度化提供可靠的保证。

西南位育中学与田林第二中学教师双向流动实施办法

为贯彻党的十九大精神和上海市委、市政府关于本市基础教育综合改革的部署以及区委、区政府对本区"卓越教育"的发展定位，狠抓落实《中共中央 国务院关于全面深化新时代教师队伍建设改革的意见》（中发〔2018〕4号）、《中共上海市委 上海市人民政府关于全面深化新时代教师队伍建设改革的实施意见》（沪委发〔2018〕18号）与《上海市教育委员会关于推进本市紧密型学区和集团建设的实施意见》（沪教委基〔2019〕7号）等文件精神与要求，实现优质师资科学配置，推进区域教育优质均衡发展，促进教育公平与公正。西南位育中学与田林第二中学共同制定本方案。

一、指导思想

以习近平新时代中国特色社会主义思想为指导，以立德树人为核心，以优质均衡为导向，认真落实上级各类文件要求，着力于学区化办学这一徐汇教育综合改革的重要部分，着眼于"让每一所家门口的学校都优质"的最终目标，聚焦教师队伍这一关键要素，推进教师高效有序流动，切实推进学区化教育均衡发展。精准施策，注重内涵，提升质量，加强两校师资队伍建设，共同提升教育教学质量，点面结合，促进学区整体办学质量的提升。

二、组织架构

组建由两校领导班子组成的"西田三元制"教师交流轮岗工作领导小组，以校长联席圆桌会议的形式在管理办公室安排下定期开会，协商讨论教师流动各项活动。管理办公室由主任、副主任、秘书长与两名兼职秘书组成，具体发布领导小组的各项决策、要求；形成由两校分管校长组成的教师流动项目执行小组，分管执行本校教师流动工作。

三、交流轮岗对象

两校在编在岗且具有一定教学经验的优秀青年教师或骨干教师进行多方流动。根据各校教育教学实际情况，经教师交流轮岗工作领导小组商量讨论后，确定交流轮岗教师人员。

自 2021 学年起，以学校学科教研组为单位进行交流轮岗试点，后逐年扩大试点数量与范围。

四、交流轮岗年限

教师交流轮岗时间为 1 学年（2021 年 9 月至 2022 年 8 月）。

交流轮岗教师在 2021 年 9 月至 2022 年 8 月（2021 学年度）须全职到流入学校工作，届满后是否继续留任由双方学校视工作需要并结合教师个人意愿协商确定。在交流轮岗期间，各校需选派 1—2 名优秀青年教师或骨干教师到对方学校任教，以促进学校间教师的学习、交流和培养。任教期限由各校视工作需要并结合教师个人意愿协商确定，交流轮岗的青年教师可中途更换，但每人在流入校连续工作时间不少于一学年度。

五、交流轮岗方式

1. 交流轮岗为全职式工作流动

全职式工作流动指参与交流轮岗的教师在规定轮岗时间内均在流入校开展工作，根据流入校实际需要进行工作安排，并在流入校接受相关工作考核。

2. 交流轮岗分学科课程开展

两校将针对在编在岗教师开展交流轮岗工作，优先对整体师资实力较强劲学科课程进行试点，而后向全学科课程推进。

两校根据各学科课程师资情况的摸排，组建由具备中高职称的学科教师参与、高级职称教师担任组长的基础学科联合教研组，经常性、针对性开展活动，助推学科教师队伍整体强劲，为交流轮岗创造条件。每学年互派 1—2 位优秀教师开展为期一学年的跨校工作，涵盖语文、数学、英语等主要学科，做到双向流动"三必须"（必须深入课堂，必须参与活动，必须主动引领）。

六、交流轮岗职责

第一，交流轮岗教师需深入课堂教学一线开展教育教学工作，必须承担流入学校分配的具体教学工作，把握流入学校教育特点，应用学科专业知识和教育教学经验，帮助学校提高教育教学水平。

第二，交流轮岗教师必须主动参与流入学校年级组、教研组、备课组活动，自觉更新教育教学观念，开展"有教无类"课题研究，形成具有指导意义和应用价值的物化成果。

第三，交流轮岗教师必须积极推进教师专业发展，通过公开课或示范课、讲座、专题报告、听课评课等形式，带动流入学校教师队伍整体水平在原有基础上得到提高，形成一定影响力。

第四，交流轮岗教师要依托专家引领，提炼教师流动优质经验，为进一步全面推进教师交流轮岗工作奠定基础，助推教育优质均衡发展。

七、日常管理

1. 人事关系

参与交流轮岗的骨干教师的人事关系保留在流出学校，薪酬待遇按人事关系所在单位的相关规定执行。

2. 激励措施

（1）对参与交流轮岗的教师在市、区级骨干教师选拔时，同等条件下优先考虑。

（2）对完成交流轮岗工作的教师给予班主任等任职经历认定。在教师职务、职称评聘中，根据相关文件精神对符合条件的教师予以政策倾斜。

3. 考核评价

（1）流动期间，由流入校负责流动轮岗教师的日常管理和考核。交流轮岗教师要遵守流入校的规章制度，按流入校工作安排履职尽责。

（2）学校要重视参与学习交流的青年教师的培养，制定好青年教师培养方案，明确学习任务。

（3）交流轮岗期间的考核评价分为学期考核、年终考核两种形式。学期考核由流入校负责，在个人述职和民主测评的基础上，由流入校提出学期考核结果。学年考核由流入校负责，根据学期考核结果，统筹交流轮岗教师整体情况，对交流轮岗教师给出学年度考核结果。学期考核和学年考核结果分为优秀（不超过交流轮岗教师的30%）、良好、合格和不合格四个等级，并将考核情况书面上报管理办公室留档。教师个人年度考核由人事关系所在学校负责，年度考核结果可以参考流入校的学期和学年考核结果。

（4）根据教育局下拨的奖励经费，按照优秀、良好与合格三个等级的相应比例，以学年为单位进行一次性奖励，优秀奖励12 000元，良好奖励10 000元，合格奖励8 000元。

表2-1 交流轮岗教师考核评价标准

内 容	标 准	分 值	得 分
课堂教学	参与流入校至少一个班级的教学工作，认真备课、扎实上课，教学效果显著，学生、家长满意率高	1—20	
活动参与	主动参与流入校年级组、教研组、备课组活动，并承担相应工作，工作质量、工作效率高	1—20	
课题研究	结合本学科与流入校实际，开展"有教无类"课题研究，形成具有指导意义和应用价值物化成果	1—20	
公开展示	每学期在流入校开展公开课或示范课、讲座、专题报告、听课评课等，助推流入校教师专业成长	1—20	
经验总结	每学年对交流轮岗工作进行经验总结，并公开展示相应成果	1—20	
其他（附加分）	带教流入校教师、帮助流入校青年教师职称评定指导以及学生各种活动指导等，对流入校其他方面有较大贡献	1—10	

注：90—110分，等级为优秀；70—89分，等级为良好；60—69分，等级为合格；60分以下，等级为不合格。

八、工作要求

第一，交流轮岗学校要确保有专人负责，有考核评价，以流入学校为主制定教师流动规划，稳步有序地开展流动工作。

第二，流入校要制定教师流动工作学年度方案，确保流动教师教学、教研、带教等工作正常开展；关心流动教师生活及思想动态，确保流动工作稳步推进。

第三，参与流动的教师要树立正确的专业发展观，真正体现优秀教师的高尚师德、精湛业务和创新精神，讲大局、讲奉献，勇于担当教育教学改革重任，为区域教育优质均衡发展做出应有的贡献。

"固本·蕴育优质师资"：
培育强校工程的"好园丁"

第
三
章

　　强校必强教，强教先强师。"西田三元制"模式借助强校工程的创建平台，依托支援校和专家团队的优质教育资源输入，以更新实验校教师教育理念为先导，以解决教育教学中存在的问题为突破口，立足教研，聚焦课堂，加强交流协作，打造一支师德高尚、业务精良、结构合理、充满活力的学习型教师队伍。

——金琪

　　"教师是教育工作的中坚力量。有高质量的教师，才会有高质量的教育。"习近平总书记的重要讲话为新时代教师队伍建设指明了方向。"西田三元制"模式积极开展以校为本的校本研修，以联合教研为阵地进行再建教学流程的探索，以针对性实训为载体强化教师专业技能，以课题研究为抓手促进教师自我反省，以精准管理强化教师质量意识，以高质量教师队伍建设夯实"强校"根基。

——王卫珍

党的十八大以来，党中央、国务院坚持把教师队伍建设作为基础工作。习近平总书记始终心系广大教师，对教师队伍建设作出了系列重要指示批示，强调教师是立教之本、兴教之源，号召广大教师做"四有"好老师、"四个引路人"。党的二十大报告指出："加强师德师风建设，培养高素质教师队伍，弘扬尊师重教社会风尚。"推进"强校工程"落地落实、进一步发展，迫切需要全面推进高质量教师队伍建设。西南位育中学和田林第二中学联合开展教师及教学管理队伍建设的"固本工程"是"西田三元制"实践模式的重要组成部分，主要内容是针对实验校工作队伍的薄弱环节开展教师队伍建设"牵手计划"、教学管理队伍建设"影子计划"和教师研修提升"靶向计划"三大专项计划。实施"牵手计划"，是夯实教师队伍建设的基础工程。通过面向实验校新任教师开展专门规划、专人带教与专家辅导，面向成熟教师开展全面听课、诊断与指导，面向品牌教师开展"三聚焦"（聚焦课程开发、聚焦课题研究、聚焦个人教育风格形成），为实验校教师队伍筑基提质、补短扶弱，推动教师队伍建设创新。作为建强实验校教育教学管理的关键工程，在"影子计划"的实施中，支援校与实验校互派干部，开展教学管理干部柔性流动和交叉任职，在教研活动上联合展开，共商共进提高学校管理的综合水平，推动教育教学质量稳步提升。实施"靶向计划"，围绕教师专业发展，依托课题研究，研教结合，研教互促，增强在校教师质量意识，努力提高教师综合水平。

"固本工程"通过三大专项计划为实验校持之以恒打造一流教师队伍，推动实验校100%的教师接受听课诊断、100%的教师参与育德工作、100%的教师参与校本课程开发或课题研究、100%的教师参与跨校联合教研，使两校的教育教学管理研究能力以及教师队伍培训资源实现立体互动、多面促进，孕育优质师资。两校通过合体发力，为强校工程的进一步发展培育"好园丁"，为高质量发展强基固本。

实施"牵手计划",夯实教师队伍建设之基

"牵手计划"是西南位育中学联合田林第二中学基于实验校教师队伍的现状,借助强校工程创建的联动平台,依托支援校的优质教育资源,以更新实验校教师教育理念为先导,以解决教育教学中存在的突出问题为突破口,通过组建联合教研组,共同开展课题研究,采取双校流动授课的方式。"牵手计划"立足实验校教研情况,通过调研新任教师、成熟教师、品牌教师的具体问题,聚焦课堂针对性设计方案,改进教学行为,提高教学效益,打造一支师德高尚、业务精良、结构合理、充满活力的学习型教师队伍,为提高教育教学质量奠定扎实的基础。

一、以提升教研水平为核,聚焦备课能力的提升

(一)立足校情、学情分析,精准把脉实验校备课教研

备课是课程教学中最重要的环节之一,是课堂讲授的前提,是上好一堂课的先决条件。认真备课对于提升教师课堂讲授的水平、保证讲授的效果有直接的作用和重要的意义。因社会经济、文化、科技不断发展,校情、学情在不断变化,教学对象的特性也在不断变化,教学的重难点及讲授方法、手段也需要不断进行调整。因此,在新课程背景下,倡导实验校教师树立和增强备课意识、提升田林第二中学教师备课水平是提升课堂教学能力的核心着力点。

1. 青年教师备课意识有待增强

实验校新进青年教师较多,35周岁以下教师有27人,占比45.9%。青年教师教学能力未能得到充分的释放,教学经验亟待积累,对教师职业还没有适切的理解与追求,对于课程教案撰写等备课准备工作认识不足,存在准备一次教学设计(教案)一直使用,或者面对不同对象只用固定的教学设计等不妥当的方式。实验校各学科的领军人才不足,对青年教师的带教培养缺少强有力的人员支撑。

2. 课堂教学缺少内驱力

实验校教师成就感偏低,工作状态不够积极。由于互联网的应用带来了知识

的快速更新，学生见多识广，部分教师备课内容陈旧，教学内容更新不及时且与学生的所见所闻脱节；课程的执行标准下降，教师缺少主动发展的内驱力。教师在单元教学重难点的把握与适切的教学方法的选择上能力不足，对于课堂教学的研究不够深入，备课的内容和形式缺乏创新性，导致课堂教学方法比较单一，传统的填鸭式教学在课堂占有一定比例。这种课堂容易导致课堂教学缺乏趣味性，学生参与度较低。

3."三组"工作能效不足

教研组、备课组、年级组作为学校课程建设工作的重要支柱，是相辅相成、不可分割的。备课组主要针对本学科同年级的教材教法的研究，立足于每一课时的集体备课，不可能统率整个学科的改革与发展，因此，必须发挥教研组的作用。而以学科为单位组织教师实施教学管理、开展教学研究的教研组，不可能对某个年级教学过程具体的教学目标、教学内容、教学方法等进行深入的研究，因此，也不能否认备课组的重要作用。年级组基于学校行政管理权而存在，目的在于督促教师更有效地完成教学任务；教研组则基于学校教师专业发展权而存在，目的在于督促教师提升教学能力，最终提高教学质量。实验校的"三组"工作缺乏独立的目标任务和工作要求。教研组与备课组活动主题不明确，活动主体单一，缺乏研究性，导致教研组对教师专业发展引领有限；备课组的集体备课活动存在任务化、形式化、应付式运作的情况；年级组和教研组的权利划分不清晰，重视年级组学生的发展教育而对教研组引领教师发展的重要性认识不足。因此，年级组、教研组和备课组没有真正发挥出应有的教学研究与教学管理功能，能效较低。

（二）从"输血"到"造血"，推动教师备课提质增效

西南位育中学与田林第二中学在教师教研备课方面深度合作，在调研分析的基础上坚持问题导向、需求导向和特色导向，充分借助西南位育中学和专家团队的资源输入，培育实验校骨干教师队伍，建立可持续的优秀教师人才培养机制，由"输血"到"造血"，从根本上解决教师资源的均衡问题，保证学校发展的后劲。

1. 师徒带教培养备课意识

田林第二中学充分依托西南位育中学的优质资源，为青年教师实行带教计划

助力。自强校工程推进以来，西南位育中学 11 位导师与田林第二中学 11 位教师结对带教，涵盖班主任及五个学科。西南位育中学何轶琳老师柔性流动担任田林第二中学初三备课组长，直接带教青年教师并承担两个教学班的工作，在数学组发挥了很好的示范辐射作用。

2. 联合教研增强备课能力

首先，加强田林第二中学年级组、教研组、备课组三组建设，转变教研组长工作思路，注重教研组内涵发展，加强教研修质量，做到定点、定时、定主题，通过教研活动、校本培训、与西南位育中学联合研修等多种途径，开展深入的、有主题的、有系列的专题教学研究。其次，联合开展视导研讨。田林第二中学教育教学视导特邀西南位育中学行政、两长、备课组教师参加，通过课堂观摩、交流评价、备课研讨等形式，为学校教育教学把脉问诊，出谋划策。最后，联合推进命题研究。为进一步强化命题管理，提升试卷的信度和效度，提升教师命题能力，田林第二中学依托"强校工程"的优质资源，邀请区级专家及西南位育中学优秀教师对本校教师自主命题的期中期末试卷进行审阅及评价，面对面交流指导修改。同时，田林第二中学积极组织参与由西南位育中学牵头的学区各学科教学研讨、竞赛评比、学生活动等，2018 学年语文组开展各类活动 7 次，英语组 17 次，数学组 12 次，理化组 6 次，史地政组 4 次，音体美组 7 次，各学科教师在活动中相互借鉴，获益成长。

3. 名师引领提升备课效能

依托"强校工程"和西南位育中学的优质资源，田林第二中学邀请各级各类专家在对校情全面调研的基础上，对阻碍学校内涵建设的瓶颈问题和关键环节做精确诊断，聚焦学校课程、学科教学、教师教研等重点，每月对实验校校长定期开展专题培训和指导。特级校长、西南位育中学张建中校长全程关心指导、全力支持田林第二中学的强校建设，参加各级调研汇报、出席学校强校工程启动会并作重要讲话、指导强校发展规划的制定、完善校园开放日方案并为学区家长做报告等。实验校教科研负责人吴小华老师获特批成为杨向谊名师工作室学员。在专家导师的精心指导下，田林第二中学区级课题申报成功，实现了近年来"零的突破"。田林第二中学多次邀请市区专家名师及西南位育中学骨干教师来校开设专题讲座，如上海市师资培训中心俞慧文的《视"问题"为资源，提升教师的育德意识和育德能力》，上海市语文特级教师、原徐汇区教研员陈友勤老师的《做智慧的教师》，第三届上海基础教育青年教师爱岗敬业教学竞赛一等奖、西南位育中学徐迪斐老师的《有关教师专业发展的感悟与思考》等，都取得了较好的反响。

二、以提升教学水平为要，聚焦教学效益的提升

（一）面向实验校新任教师开展专门规划、专人带教与专家辅导

依托区级强校工程专家的力量，西南位育中学联合田林第二中学积极制定教师队伍建设序列计划，通过专家讲座、专题讲座和教学展示研讨活动，分层次、有计划地使教师特别是青年教师的培训工作形成上下互动序列，全面、全方位地进行岗位能力实训。一是专门规划。针对新入职教师，根据教学科目、专业背景、科研水平等，一人一策，由西南位育中学派专人指导田林第二中学制定新入职教师专门培养档案，包含专题培训、职业发展、教学技巧、教案设计等内容。二是专人带教。由西南位育中学优秀、有经验的教师专门带教田林第二中学的新入职教师，实行师徒制，进行一对一的全过程指导，让新人有榜样，工作有标杆。三是专家辅导。西南位育中学定期集中对田林第二中学的教师进行培训和指导，邀请上海市教学名师进行专家辅导，将教学流程中的各个环节的具体要求分成五个模块进行专题系列培训。培训安排在学期的教研活动时间段和寒暑假校本培训时间段，让新入职教师接触行业最前沿的、有针对性的指导。

表 3-1　专题系列培训模块划分

研训模块	研训项目	研训内容
模块一	教学设计基本功	1. 设计恰当的教学目标 2. 准确锁定教学起点 3. 科学设计教学过程 4. 合理使用教学资源 5. 设计有价值的问题 6. 教学过程的预设

续表

研训模块	研训项目	研训内容
模块二	教学实施基本功	1. 教学情境的创设 2. 教师主导与学生主体 3. 民主课堂的营造 4. 教学活动的组织与管理 5. 教学活动的反馈与调整 6. 学生学法能力的培养
模块三	教学策略选择基本功	1. 精讲与巧练 2. 合作学习的指导 3. 开放课堂的创设 4. 教学内容的构建 5. 任务驱动学习方式的运用
模块四	教学技能基本功	1. 课堂教学的有效导入 2. 板书设计 3. 学生作业布置的研究 4. 作业批改的研究 5. 现代化信息技术的使用
模块五	教学评级基本功	1. 教学即时性评价 2. 教学发展性评价 3. 教学激励性评价

（二）面向成熟教师开展全面听课、诊断与指导

加强教学骨干队伍建设，由西南位育中学带动田林第二中学推进骨干教师培养工程，鼓励成熟教师根据自身特点与学校需求，确立适合自己的不同发展方向。鼓励通过课堂探究、教材整合、教育科研、骨干培训等平台，广搭舞台，借力专家，拓宽发展空间，推动人才脱颖而出，优化教师团队的骨干力量与中坚力量。通过三年努力，实现中级职称教师在田林第二中学教师队伍的占比有明显提升的目标。一是全面听课。由西南位育中学牵头组建市级、区级、西南位育中学优秀教师三级专家团，到田林第二中学全面听课，全面提升教师的课堂教学能力。二是全面诊断。在听课交流的基础上，开展"名医坐堂"，为田林第二中学教师全面会诊，针对成熟教师面临的师生关系、生涯发展、舆情处理等问题以及教师需要提升的重要技能，量身打造提升计划。三是全面指导。为每一位田

林第二中学教师安排专家导师，答疑解惑教师日常工作的方方面面，并提供针对性、长效性的指导与帮助。

（三）面向品牌教师开展"三聚焦"

为加强田林第二中学教师队伍建设，夯实教学基础，突出学科专业性，面向有突出特色的教师，"西田三元制"实践模式通过"三聚焦"举措来打造品牌教师。一是聚焦一门校本课程开发。发挥实验校品牌教师的专业优势，针对负责学科，结合田林第二中学实际情况，在深入研究学生学习需求现状，教师课程开发潜力，家庭、社区拥有有利于课程开发资源的前提下，通过学科融合，开发有特色的校本课程，让校本课程开发真正有利于学生的全面发展，也凭此带动教师职业发展和学校特色教育教学的发展。二是聚焦一项教学课题研究。聚焦新时代生活在信息多元化背景下的学生，推进田林第二中学开展一系列教学主体、教学客体、教学媒介的探究，为深化教学效果提供理论支撑。三是聚焦个人教育风格形成。每位教师根据个人特点均有不同的教育风格，这也是每位教师与众不同的魅力所在。对实验校教师的培养和发展不是要磨灭个性和风格，而是要根据不同的个性与风格，帮助教师认清如何挖掘自己的潜力，形成独具特色的个人魅力。为此，针对田林第二中学每个教师的特点，西南位育中学通过专家听课带教、名师把脉等方式，聚焦优秀教师教育风格的培养，从而打造各具特色的名师品牌。

三、以提升人才培养质量为本，聚焦教研工作获得感的提升

（一）着力提升教师思想素质，加强师德师风建设

坚持"理念留人、愿景留人、事业留人"，聚心聚力，始终保持队伍的稳定性与凝聚力，为田林第二中学营造积极向上的校园文化氛围与和谐的人际群体氛围，构建人才成长的绿色生态环境。必须充分发挥实验校党支部教育管理监督和宣传引导凝聚作用，充分发挥党员教师的先锋模范作用，加强教师思想政治工作和师德建设，提升教师的思想政治素质，加强教师理想信念教育。同时，要进一步加强师德师风建设，加强教师理想信念教育，激发工作热情，克服职业倦怠，从而持续规范并保障教师教育教学行为，依法保障教师合法权益，维护课堂教学秩序。

（二）找准突破口和着力点，提升教师职业幸福感

以助力教师实现自身价值追求为着力点，以确保教师待遇保障为突破口，提升田林第二中学教师的职业幸福感。夯实着力点，通过实现学校发展与教师自身发展的统一，加强教学管理的基本制度建设，加强课堂教学的评估与指导，帮助教师树立职业自信，努力为每位教师创造主动发展的空间。体现以人为本，突出教师主体地位，落实教师知情权、参与权、表达权、监督权，保障教师参与学校决策的民主权利，维护教师职业尊严和合法权益。找准突破口，不断提高教师待遇，完善教师收入分配激励机制，有效体现教师工作量和工作绩效，关心教师身心健康，助力克服职业倦怠，激发工作热情，让实验校教师在岗位上有幸福感，事业上有成就感，社会上有荣誉感。

（三）改革教师考评机制，着力践行教书育人使命

建设高质量教师队伍，是践行好教书育人使命的必要基础。考核评价是一个指挥棒，实验校建设高质量教师队伍，必须改革教师评价方式，进一步推进教师专业成长，使教师队伍实力整体提高。首先，要坚持把师德师风作为第一标准，突出教育教学实际，进一步完善绩效考核办法。注重对教师教学评价过程化，多侧面跟踪与评估教师教学工作，为科学调适教师教学行为和实现教学质量均衡发展奠基。其次，落实绩效工资向班主任倾斜，向教育一线和教育教学成效突出的教师倾斜，强化一线学生工作，建立全员导师制，将家校联系情况等工作实绩纳入教师评价考核体系。依托三奖评选、青年教师沙龙、新教师师徒带教等教学常规管理办法，鼓励青年教师抓住机遇、自我提升。最后，要提升评价专业化水平，创新评价工具，利用现代信息技术完善评价结果，综合发挥导向、鉴定、诊断、调控、改进作用，加强教师教育评价能力建设，促进教师自我反思、自我提升，内化专业发展驱动力。

（四）优化教师在职培养培育，提升教师专业素质能力

根据教育改革发展需要，以实践为导向，优化实验校在职教师的培训学习，定期补充专业知识、提升专业能力、更新教育理念，使教师尽心钻研教学，切实提升教育教学水平。一是分段、分层优化教师培育机制。完善新教师培训的常规机制，通过学校带教、区规范化培训以及学校教师基本功培训等途径，让新教师

开阔眼界、更新观念，在实践中快速成长。进一步优化青年教师管理机制，充分利用区校公开课、校际交流、青年教师风采展示等常规工作创造机会，让青年教师在岗位实战中迅速成长为学校教学骨干。对于中青年教师，学校进一步利用骨干教师评审、三奖评审等活动，让这批教师尽快在区域内脱颖而出。二是以"三组"建设为引领，提升教师专业能力。加强学科教研组和备课组建设，形成在校内甚至学区内有影响力的优质教研组，在教研中发挥引领示范作用。以校本培训、教研组研修为主要抓手，建设教学、学习与科研紧密结合的学习型组织，提升教师科研意识和能力，营造良好的学术氛围和浓厚的学习风气。完善年级组和教研组、备课组的沟通机制，提升教学反馈的效度，进一步推进教师专业成长，使教师队伍实力整体提高。三是提升教师数字化素养。转变培训方式，结合新一轮信息技术培训，推动信息技术与教师培训的有机融合，实行线上线下相结合的混合式研修。深入推进教师信息技术应用能力提升工程，培养教师运用信息技术进行专业发展、教学创新和学习指导的意识和人机协同能力，信息安全意识和风险防范能力，激励教师创造资源、使用资源、更新资源。教师主动适应信息化、人工智能等新技术变革，积极有效开展教育教学。

◀ 第 2 节 ▶
实施"影子计划"，筑牢实验校教育教学管理之本

"影子计划"是西南位育中学联合田林第二中学依托初中强校工程实施平台，通过加强教学管理，大力推进教学研究，提高实验校的教育教学质量，同时促进支援校内涵发展。西南位育中学与田林第二中学通过干部交叉任职、柔性流动等方式，多渠道、全方位提升田林第二中学的管理水平和教育水平，进一步探索基于校情和学情的有效的管理方法和教学方法，优化教学常规管理，抓好教学过程监控，做到教学常规管理科学化、精细化。

一、联合教研"深一步"，推进课堂教学转型

（一）开展专题教学研究，建立两校学习共同体

以预初年级为试点，西南位育中学遴选组织以语、数、英等学科为代表的各学科六年级备课组，全面进入田林第二中学，围绕特定主题定期开展共同教研。在教研组长指导下，在备课组长带领下，结合"双减"政策，以"新课程新教材"专项课题为抓手进行探究，两校相关教师定期联合备课、问题研讨、专项培训等，形成学习共同体。本着紧密不添负，强校工程、学校工作有机整合原则，开展以联合备课组为主体的"田林第二中学—西南位育中学"课程建设，实施二次开发试点。瞄准两校不同层次学生学习需求，确保基于单元教学背景下的基本要求（教学中一定要落实的要求）、较高要求（对基础较好的学生或班级的要求）、能力要求（对优秀学生的要求），将对每节课教学内容重难点的把握真正落到实处。同时，以教研组为单位，分学科开展强化解题能力练习赛，作为教研组研修重点内容推进落实；邀请西南位育中学有经验的教师参与教研组活动，在命题、点评、辅导环节予以深度指导。

"西田三元制"实践模式注重加强田林第二中学年级组、教研组、备课组的三组建设，转变教研组长工作思路，注重教研组内涵发展，加强教研修质量，做到定点、定时、定主题。通过教研活动、校本培训、与西南位育联合研修等多种途径，开展深入的、有主题的、有系列的专题教学研究。自强校工程实施以来，西南位育中学与田林第二中学的教研活动蓬勃开展，每周、每月、每季度都有相应调研活动的开展，通过联合"走出去"，学习消化融合后的"引进来"，实现了两校的共同进步。

表3-2 "西田"三学科联合备课组活动示例

序号	活动内容	文 本
1	确定单元主题并进行设计研讨	单元教学设计
2	日常相互听课、观课、交流，了解学情	听课记录及思考点评
3	确定单元内互换教学的课时内容，进行教学设计、试讲、磨课	课时教学设计

（二）注重核心素养培养，创新课堂教学形态

促进学生发展核心素养是学校立德树人、培养新时代合格人才的必经之路，是提升强校工程实验校教育管理效能的关键目标。在两校学习共同体的基础上，西南位育中学和田林第二中学聚焦学生发展核心素养，通过联合教研共同创新课堂教学形态。引导教师创新课堂教学形态，聚焦教与学方式的改进，探索指向核心素养培养、以学生学习为中心的课堂教学形态，通过学习活动、学习支持、学习评价和学习资源的设计开发，注重学思结合、知行统一，激发学生的学习兴趣和潜能，培养学生批判性思维、问题解决、协作创新等关键能力。一是细化课堂教学环节。积极创设开放性问题情境，激励学生积极思考。根据实验校学生的学习能力、学习水平等，进行多层次联合教研交流，从而针对性地开展分层教学。注意引导实验校教师创新运用前沿的教育理论，实践新的教学方法，创设开放性问题情境，激励学生积极思考，让学生结合生活实际，达成新课标的教学要求。二是注重课堂反馈环节。增强教师与学生的互动意识，了解学生的学习能力和对教材的掌握程度以及课堂知识掌握的反馈，适时调整课堂教学策略。三是创新课堂合作研讨。带动实验校教师根据班级不同层次学生的具体学情、先学所反馈的情况和学习内容的重难点，设计几个可供小组合作探究的问题，由学生自主研讨探究。教师采用追问和补充的形式，帮助学生深度挖掘，解决课内的重点问题，同时拓展学生思维，培养学生自主能力、表达能力、沟通能力、组织能力和团队合作意识。四是优化随堂检测环节。教师应注重检测学生对课程内容的掌握情况，并采用活泼的形式对课堂内容进一步加以巩固，例如运用小组比赛、竞答抢答等形式，激发学生的参与热情，全方位培养学生的核心素养。

二、柔性流动"进一步"，专业成长的突破

（一）强化学校主体功能，增强流动教师的获得感

西南位育中学与田林第二中学教研组的相互交流、资源共享，是"影子计划"中的关键环节。通过教师的柔性流动，实现了两校真正意义上的无缝对接。

第一，强化学校的主体功能。教师交流轮岗制度是国家基于教育公平和教育资源均衡而提出的，西南位育中学积极倡导和响应，积极动员和派遣本校优秀教师参与流动，通过教师流动带动田林第二中学提高教学、科研水平，提升教师专业发展能力，从而不断增强田林第二中学的发展能力，共同提升区域内整体教育质量，实现教育均衡发展。同时，西南位育中学建立长效流动机制，积极鼓励田林第二中学教师前来交流学习，协助他们提升教学能力和管理能力，共同探索提高学校发展水平的路径。同样，田林第二中学也不断完善规章制度，加强对西南位育中学流动教师的管理和服务，营造积极、有活力的校园文化，充分发挥支援校流动教师的聪明才智和引领作用，培育流动教师对田林第二中学的归属感，保障他们能够全身心地投入支援工作。

第二，引导教师积极参与教师流动。通过宣传和培训，提高西南位育中学与田林第二中学教师对教师流动的认识。一是让每一位教师意识到，作为人民教师需要超越个人的狭隘私利和职业惰性而主动参与区域内流动。二是让教师充分认识到流动的自我成长价值，把流动看作自身专业成长的一个必经过程、一次特别经历、一种独特方式。三是要让教师明白，仅仅适应特定区域、特定岗位、特定学段、特定学科教育教学工作的教师肯定不是称职的教师，一名真正优秀的中学教师一定是能够胜任多种教学环境、"一专多能"型的教师，教师专业胜任力必须包括多环境教学工作适应力或岗位流动能力。四是要增强每一位教师的专业使命感和社会责任感，使他们能够积极认同和践行有教无类，具备崇高的理想和信念，以及终身为教育事业奋斗和献身的情怀，并且在流动中自觉实现自我专业发展，促进文化交流与传播，推进社会民主与文明。

（二）量身定制工作计划，发挥流动教师最佳效能

西南位育中学与田林第二中学作为学区内"强校工程"的试点学校，共同制定了《西南位育中学与田林第二中学教师双向流动实施办法》，每学年互派1—2位优秀教师开展为期一学年的跨校工作，涵盖语文、数学、英语等主要学科，做到双向流动"三必须"：必须深入课堂，必须参与活动，必须主动引领。

表 3-3　西南位育中学与田林第二中学教师双向流动方案

姓　名	学　科	流出校	流入校
周老师	数学	田林第二中学	西南位育中学
施老师		田林第二中学	西南位育中学
秦老师		西南位育中学	田林第二中学
张老师		西南位育中学	田林第二中学
钟老师		西南位育中学	田林第二中学
王老师		西南位育中学	田林第二中学
何老师		西南位育中学	田林第二中学
沈老师	英语	田林第二中学	西南位育中学
陈老师		田林第二中学	西南位育中学
钟老师		西南位育中学	田林第二中学
张老师		西南位育中学	田林第二中学
陆老师	语文	田林第二中学	西南位育中学
刘老师		西南位育中学	田林第二中学

教师柔性流动，一方面引导西南位育中学的流出教师既能顶岗上课，又能做到辐射引领，每学期承担一次研训主讲任务；另一方面鼓励田林第二中学需要评中级职称的青年教师流入西南位育中学任教一年，由西南位育中学配备专业带教教师，化"跨校带教"为"同校带教"，近距离、沉浸式推进其专业成长，帮助其顺利完成职称评定工作。西南位育中学作为支援校，为实验校流入教师量身定制培养套餐：第一，流入教师参与西南位育中学备课组的小课题与项目研究；第二，带教教师"跟踪式"指导完成听课、评课活动，帮助指导完成听课、反思环节；第三，提升解题能力各项训练，争取定期完成面向中考的各类练习；第四，流动期间完成区、校级公开课各一课；第五，出色完成各项教育教学任务，近距离、沉浸式推进教师专业成长。通过全方位的"同校带教"，实现双校教师的互助分享，共同提高。

三、交叉任职"跨一步"，强化教学管理实效

（一）交叉任职，整合人员力量的创新机制

循规蹈矩的模式常常会使人产生疲倦和厌烦。交叉任职这一创新工作机制的

出现，能够达到查找不足、取长补短、互相学习的目的。交叉任职的创新在于"双履职"，打破支援校与实验校管理和教研、党务和行政、学科和学科间的壁垒，通过机制的创新、岗位的融合、文化的交融、技能的传递、情感的联通，切实发挥出学校共同体管理文化和治理能力的"合力"，不断提升领导干部适应新时代、实现新目标、落实新部署的能力。

交叉任职帮助实验校汲取支援校文化基因中的特色优势，将之转化为实验校干部选育管用工作的思维优势。交叉任职不仅能使干部和教师自身的教学和科研水平得以提高，还给管理干部提供了解教学第一线、提高自身管理水平和综合能力的机会，同时，也能够吸引更多的教学科研骨干充实到管理队伍中，提升教学管理队伍的专业水平，不断激发实验校干部、人才干事创业的热情，巩固学校团结奋进、昂扬向上的校园文化氛围。交叉任职意味着更大的责任、更大的挑战。对于交叉任职干部来说，需要学会思考，学会统筹，以交叉任职这块"磨刀石"，练出干事创业的"大心脏"，是实实在在的历练和考验，有助于帮助实验校加快打造一支高素质、专业化的干部队伍，持续推动学校事业高质量发展。

（二）人员互派，在关键环节形成协同效应

在强校建设中，"西田三元制"实践模式始终重视管理理念、管理方式方法的借鉴和探索。建立人员互派、交叉任职制度，根据实际情况，西南位育中学向田林第二中学派驻骨干人员，兼任田林第二中学的校级管理人员；田林第二中学派人员到西南位育中学跟岗、挂职锻炼。为此，西南位育中学先后有书记、校长、教研组长、主干课程的骨干教师等各类干部到田林第二中学进行阶段性指导。西南位育中学与田林第二中学之间实现了连接、集成，并形成协同效应，在人才培养、教学研究、教师研训、课程活动等关键环节上实现连接、协同与贯通，把强校工程作为促进学校共同体发展的良好契机。在此基础上，组织互派的骨干教师开展小项目研究，将在教学管理实践中发现的问题变为常规教研管理的小课题和主要内容，共同改变实验校教研活动重工作布置、轻教学研究的现状。在提升教学质量的关键环节，双方互派教师通力合作，根据中考改革中出现的考试学科、考试方式、考试评价的变化，以及对学生综合素养、创新素养的新要求，依托教研活动、校本培训、两校联合研修等多种途径开展深入的教学研究，协同将问题转化成田林第二中学具有校本特色的解决方案，形成有效的改进策略，提升教育教学质量。田林第二中学各指标在绿色指标测试中有明显改善。

（三）加强专业型、管理型队伍建设，深化教师管理综合改革

西南位育中学和田林第二中学联合调整、组建优秀的教学管理人员队伍，协助实验校管理走向制度化、规范化、科学化，为一线教学提供优秀的服务，为学校的发展作出贡献。一是加强优秀的专业型、管理型教师队伍建设，提升区、校级学科带头人和中青年骨干教师比例，进一步壮大骨干教师队伍，完善骨干教师培养机制，发挥骨干教师对学科教学的指导示范引领作用，提升辐射引领作用。进一步完善中层"两长"团队的建设，健全教学管理系统，推动管理到位，组建骨干力量均衡、思想稳定、专业发展有序的教师队伍。二是根据中小学教师编制配备，根据实验校教育发展需要，在现有编制总量内统筹考虑，合理安排，采用多种形式保障教育教学需要。三是根据教育改革需要优化教师资源配置，深入推进学区内各校教师交流轮岗制度，优化教师教育视野，对不适应教育教学的教师及时调整，完善教师岗位分级认定方法，适当提高教师中高级岗位比例。四是优化公开招聘办法，严格教师资格准入制度，使乐教、适教、善教的优秀人才进入实验校教师队伍；深化教师职称和考核评价制度改革，完善岗位管理制度，进一步完善职称评价标准，坚持德才兼备，全面考核，突出教育教学实际，引导教师潜心教书育人，激发教师工作活力；完善相关政策，防止形式主义的考核、检查干扰正常教学，不仅仅是用升学率、学生考试成绩等评价教师。

◀ 第3节 ▶

实施"靶向计划"，破解实验校教师专业发展之要

"靶向计划"是西南位育中学与田林第二中学联合开展的教师科研水平提升项目，通过学校教科研工作建章立制，鼓励引导校内教师积极申报校级课题，以项目为引领，向科研要效率，以科研提质量。在围绕田林第二中学中心工作的基础上，

西南位育中学和田林第二中学协同以教师专业发展为抓手，以课题研究为引领，充分发挥教科研部门研究、指导、服务等职能作用；依托校内外教育资源，建立更加完善的评价激励机制，营造人人支持、人人参与的教育科研氛围，凝聚全体教师教育智慧，开拓创新，锐意进取，使田林第二中学的教科研工作有新的发展、新的突破、新的高度；形成依靠教育科研提升教育教学质量、加快内涵发展的共识，使教科研真正成为田林第二中学发展的助推器，解决实际问题，促进教师专业发展。

一、以研促教，聚力强校工程的"心气儿"

（一）整合科研管理体系，增强教师科研质量

提高教师的科研素养是课程改革的需要，也是田林第二中学强校发展的必经之路。在西南位育中学的支持下，田林第二中学致力于打造科研管理平台，增强教育科研领导力，为教师之间进行信息交流、经验分享、专题讨论提供阵地，把教育科研的领域和侧重点转向教研组教师。积极开展全面质量管理下的科研管理，构建管理网络，明确职责制度，规范管理流程，进行有效评价，努力提升教师科研质量。切实保证教育科研经费的投入，优先安排专项经费用于课题研究和成果奖励，专款专用保证教育科研工作正常开展。结合田林第二中学重点推进的课题及教育教学各项专题研修，指导教师更多地阅读教育刊物，用理论来指导和武装实践，对各项课题研究的开展与进度给予更细致的指导和建议。及时收集并反馈各级各类教育教学研究的征文竞赛等信息，组织教师参赛、投稿，通过教学经验的总结、科研论文的撰写，让教师们边实践边研究，边反思边总结，不断探索教学新模式，提升教学实力。

（二）增强科研管理效能，为教育科研做好保障

在市、区级专家和西南位育中学的共同支持下，田林第二中学教科研室集中做好教育科研规划、调研指导、管理成果推广等工作，增强科研管理效能。一是做好相关学科课题研究指导工作，提高教师研究素养，指导培养教科研骨干，充分利用校内外有效资源，实施专家引领，组织学术交流，做好本校教育科研课题规划立项、过程性管理、成果总结和推广组织，做好教科研工作考核评估和资料归档工作。二是强化校级课题管理，积极申报和参与市、区两级课题。以课题项目引领为

主线，组成问题解决的研究共同体。在行动研究、案例分析、实践反思三个方面开展行动研究和实验，形成组织和非组织融合的学校科研局面和科研文化。三是建立课题和科研评价体系，进行科学有效的课题管理，以合理的评价激励机制调动教师积极性，从而引领教师的专业发展，努力提高教育教学的实效性。四是通过例会研修、组织讨论等多种形式，指导各教研组找准本学科、本组重点问题。教研组长和组内骨干教师发挥科研组织示范作用，积极参与科研组织，有效指导组内教师主持或参与课题研究，撰写学科论文、案例，整体提升教研组内的科研氛围与科研能力。

（三）提升教师科研意识，营造"以研促教"发展环境

田林第二中学教师研修体系建设坚持以课题促教研、以教研促教学的理念，推动全体教师养成学习和反思的习惯，增强研究意识，以研究者的眼光审视反思，分析解决自己在教学实践中遇到的问题，把日常教学工作与教学研究融为一体。帮助全体教师增强"以研促教"意识，倡导科学精神和实事求是的态度，营造求真、务实、严谨的教研氛围；运用优质课题资源引领、辐射等方法，引领广大一线教师做研究型教师，促进专业成长，取得较好的教育教学效果。一是把解决教育教学实践中的现实问题作为教育科研的立足点，把教育教学方法的不断改进作为教育科研的切入点，以行动研究、案例分析、实践反思等方式方法组织培训，开展教学研究，促进教师通过教育科研分析解决自己在教学实践中遇到的问题。二是开展田林第二中学教科研先进个人的评选活动，创设学校更浓厚的教育教学科研氛围，鼓励教师以科研促教学，进一步强化教师的科研意识，提升教师的科研能力。定期对学校教科研参与情况进行梳理和总结，对课题研究过程中表现突出的、有教育教学科研成果发表或获奖、参与各级各类学术交流等的教师，除予以学期业务考核加分外，还给予相应的奖励。

二、以质图强，凝实强校工程的"骨劲儿"

教学质量是学校发展的生命线。西南位育中学与田林第二中学共同建立以校为本的质量保障体系，通过强化"一种意识"，教学质量是核心；突出"两个抓手"，夯实教学常规，优化管理队伍（行政、两长、教师、班主任）；完善"三个机制"，

形成"制度规范—组织实施—质量监控"循环的质量保障体系,改进实验校课堂教学,推动教师专业发展,进而提高学生学习质量,促进学生全面发展。

(一)强化"质量意识",创建育人为本的质量文化氛围

没有科学、先进的管理理念指导教育教学实践,就难以形成生动活泼、富有成效的教育教学改革局面。教育管理观念的更新是教育教学改革的先导,是促进田林第二中学内涵式高质量发展的前提。科学、先进的管理理念是学校理念的重要组成部分,而教学管理粗放,精准度、精细化不够将直接影响田林第二中学教育教学质量的提升。因此,在西南位育中学的支持下,田林第二中学在全校范围内努力强化实验校全体教师的"质量意识",创建育人为本的质量文化。一是积极营造"人人重视质量,人人关心质量,人人做好质量"的教育教学氛围,通过优化教学质量管理队伍,创新教学管理,推进教学研究,提升教学质量,促进学校内涵发展。二是强化教师队伍责任意识。西南位育中学和田林第二中学作为强校工程的联动双方,要扛起主责、抓好主业、当好主角,把强校工作抓具体、抓深入。三是落实全国、市、区教育大会精神,围绕五育并举,立足课堂,激发全体教师提升教育质量的内生动力。自强校工程实施以来,田林第二中学在西南位育中学的支持下,基于专家引领、与各个层面的教师反复沟通座谈,确定了强校工程的核心,也是西南位育中学一以贯之坚持和倡导的:聚焦教学,决胜课堂,找到了立足课堂提升教育质量这个"作用点"。在找准着力点的基础上,从发展共同体的理念出发,制定发展规划,设计强校工程的"耕作表",通过顶层设计、愿景描绘,围绕"一体两翼",形成以教师队伍建设为核心、制度为保障、教学为载体的科学机制,促进实验校教师队伍内生动力生成,推动学校教育质量的提升。

(二)突出"两个抓手",建立先进高效的质量管理模式

教师是教育工作的中坚力量,有高质量的教师,才会有高质量的教育。西南位育中学与田林第二中学共同聚焦实验校高质量发展的目标,探索建立先进高效的教师教育质量管理模式,合力推进高质量教师队伍建设。

首先,以提升教师个人教学质量为抓手,根据教育改革发展需要,以实践为导向夯实教学常规工作,强化教学基本功和教学技能训练,继续开展教师全员培训,促进教师终身学习和专业发展。一是改进培训内容,紧密结合教育教学一线

实际，组织高质量培训，使教师静心钻研教学，切实提升教育教学水平，支持教师大胆探索创新教育思想、教育模式、教育方法，形成教育特色和办学风格，营造良好的制度环境。二是开展教师教育交流合作，充分利用多方资源，通过专家引领与同伴互助相结合的方式，提升教师培训的高度和宽度。根据教育改革需要，优化教师资源配置，深入推进学区内各校教师交流轮岗制度。三是走出去，请进来，让更多教师接触和学习先进的教育教学理念、优秀的教育教学方法，建设一支高素质、专业化的教师队伍，提高教师培养层次，提升教师培养质量，侧重培养素质全面、业务精良的一线教师。

其次，以建设高质量教育团队为抓手，优化队伍，协同并进，提升教学质量。田林第二中学通过优化教学质量管理队伍，创新教学管理，推进教学研究，提升教学质量，促进学校内涵发展。一是从班子行政抓起，带动"两长"，提升全体教师的质量意识。二是充分依托校长室、教导处及科研室等职能部门开展有效的研究教学。三是通过完善教学管理制度推进相关工作优化实施。四是依托教研组、备课组，围绕学科课程计划、课程标准，推动有质量的教学研究改革。

（三）完善"三个机制"，形成协作共享的质量保障体系

高质量的教师发展亟须高质量的教师发展保障支持体系，所有保障支持举措的落脚点都指向教师专业发展的持续提升。西南位育中学与田林第二中学基于学校共同体的发展，完善三个机制，形成协作共享的质量保障体系。

一是探索紧密型队伍发展机制。实现高质量教师队伍的发展，要以教师发展支持的体系化为关键支撑。首先，建立两校教师教育共同体。继续开展紧密型田林虹梅学区建设，依托两校教师教育共同体搭建起课堂教育、教育管理、学术研究等不同教师角色之间的桥梁，以支援校、实验校协作共享的教师教育共同体夯实教师队伍质量建设基础。共同体涵盖学校管理队伍、学科教师队伍与班主任队伍建设体系，聚焦形成特级校长、特级教师、区学科带头人、区骨干教师领衔的听课团队与诊断模式，以"师徒"共成长模式推动两校教师队伍整体提升。其次，搭建纵横联动的教师发展智库体系，实现"市—区—校"三级纵向联动，支援校、实验校横向联动，通过专业化、全方位、多层次、宽领域的协同合作，推动集理论、实践、教研和科研于一体的高质量教师队伍建设。

二是探索协作型制度管理保障机制。夯实教师发展支持体系，离不开高质量治理体系的赋能增效。制度是队伍发展与课程建设的有效保障，"固本工程"的实施需要不断探索，完善长效制度保障，坚持用科学、标准、专业的规范支撑教师专业发展，形成学校共同体层面的制度顶层设计与架构，建立支撑教师专业发展与教师教育实践的制度体系，以协同为基础，向下扎根，向上升级，强化"强校工程"各项政策在实验校的内生性转化，宏观统筹协调支援校等多方资源，推动学校共同体内的教师交流从碎片管理走向协同治理，提高两校治理效能，在协作共生中推动实验校教师教育治理体系的高质量发展。

三是以探索中和书院特色课程机制为导向，加强教师队伍建设。特色课程是学校高质量发展的主要载体之一，打造学校高品质的特色课程能够倒逼教师不断提升自身综合素质，促进学校教育品质的提升。在西南位育中学的支持下，田林第二中学推动学校以"学科课程、中华优秀传统文化课程、特色活动课程"三个课程为系统脉络，以"德智体美劳"五育并举为目标，在发挥两校原有课程优势的基础上，构建基于两校实际的优秀校本课程共享机制，提高教师队伍的综合水平和教学质量，提升教师的教学能力。

附录"1+1"

强校重在强师

教学案例

"同课异构"下课堂教学的设计与思考——以《富贵不能淫》为例

田林第二中学　徐佳雯　（语文教师）

一、共同研读教材，深入解读文本

八年级第一学期第六单元的课文都是我国古代的经典名篇，它们的主题都与人的品格、志趣、情怀、抱负有关。本课的三篇文章皆选自《孟子》，是以议论为主的诸子散文，睿智雄辩地论述了人生理想与担当。

在文本解读的初期，主要从"何谓大丈夫"的主题入手进行研读，解读孟子心中"大丈夫"的标准，再深入研究其所代表的儒家思想的精神内核，由此确立了第一个教学目标：阅读学习本文，对学生的情感、态度和价值观进行培养。

同时借助"同课异构"搭建的教学研讨平台，在与龙苑中学的指导老师王燕共同研读、探讨文本的过程中，逐渐发现孟子对于"何谓大丈夫"的论述，是在清晰的逻辑中层层展开的，孟子的说理过程同样是文本的重点内容，由此确立了另一个教学目标：梳理论证思路，把握观点。

二、研究学情，适时调整教学设计

在确立教学目标后，我们进行了第一稿的教学设计：（1）通过课前预习，自主学习字词句的翻译，疏通文意；（2）通过反复诵读，梳理思路；（3）通过比较诵读，体会思想感情。基于第一稿的教学设计，本校教研组的老师与指导老师和我再次进行了"同课异构"的探讨。在探讨过程中，发现了以下问题：（1）基于学生的学情，他们在自主疏通文意方面有一定困难；（2）学生对论说类的文章接触不多，仅通过诵读较难梳理清楚孟子的说理思路。

针对以上问题，调整了第二稿的教学设计，根据学情设计了预习单，同时将教学重点集中在梳理孟子的说理思路。在第二稿基本定型后，我就开始着手进行试讲，然而在试讲过程中发现课堂上的实践并不如人意。于是参与"同课异构"的老师们，在听课后再次针对课堂实践教学中出现的问题进行了探讨。试讲中最大的问题在于教学节奏的把控，整堂课呈现出"头重脚轻"的情况，以致教学重点难以展开。

针对这个问题，参与"同课异构"的指导老师们在讨论中为我指出了方向，由此诞生了教学设计的第三稿，设计环节如下。

1. 整体感知

（1）学生齐读课文。结合课文注释，感知文意，读准停顿。

（2）思考：谁和谁就什么问题在做什么事？通过思考景春和孟子是在"讨

论"还是在"辩论",引导学生关注双方表述观点时的语气。

这个环节的设计目的主要是通过真实的情境设置,引导学生初步认识"大丈夫",调动学生课堂学习的兴趣。

2. 关注观点的表述,体会语气,感受人物情感

通过比较朗读"公孙衍、张仪乃大丈夫也。""公孙衍、张仪非大丈夫也。"与"公孙衍、张仪岂不诚大丈夫哉?""是焉得为大丈夫乎?"两组句子,体会景春和孟子强烈的语气,感受景春对公孙衍、张仪的向往羡慕和孟子对这两人的鄙夷不屑。

本环节设计的目的是让学生通过反复比较朗读,体会在当时情境下人物说话的语气语调,从而把握人物的主观倾向与感情。

3. 理解景春心中大丈夫的标准

朗读课文第一段,推断景春认为大丈夫的标准是有权势,这一标准是孟子批驳的靶子。学生对第一段内容的理解,是理解孟子说理的基础。本环节的设计目的是通过引导学生模仿景春的语气,结合课本中的书下注释和预习单的背景资料,揣摩景春心理,理解他的观点。

4. 理解孟子认为的大丈夫的标准

(1)朗读第二段,找到孟子对于大丈夫的标准并分条解释。(2)借助重复出现的字词,理解三条标准。三条标准中"天下""志""不能"都重复出现过,其中"志"较难理解,首先通过联系《伯牙鼓琴》,理解"志"是人内心的追求;然后请学生思考孟子认为大丈夫的"志"是什么,哪一条标准具体阐释了"志",由此来理解第一条标准——孟子认为大丈夫的志向应该是追求"仁""礼""义";接着通过重复的字词,引导学生理解第二、三条标准:大丈夫应该要有作为和大丈夫应该要有气节。(3)理解三条标准之间的关系。小组讨论,合作探究三条标准之间的关系。教师巡视点拨,启发学生思考,理解三条标准中,第一条是最基础的原则,正因为坚守"仁""礼""义",才能在面对不同的人生境遇和外界的诱惑与挑战时坚定、不动摇。

这一环节的设计目的是释义。在这一环节,既要让学生能够了解语段的意思,还要能分清语段的关系。为便于理解孟子的这段话,课堂教学中在相应的环

节补充了相关的背景知识，引领学生进入历史语境，帮助学生更切实、深入地理解孟子心中"大丈夫"的标准。

5. 理解孟子如何驳斥景春

（1）理解"妾妇之道"的实质。朗读第二段第一层，了解妾妇之道"以顺为正"的特点与其具体表现，理解"妾妇之道"的本质是一种没有原则、不论是非的顺从之道。（2）分析"妾妇之道"与纵横家的关系。借助预习单，结合补充资料为纵横家添加的注释，明白纵横家的本质也是无主见、无主张的顺从，理解孟子类比说理的手法：针对景春的话逐一批驳，有理有据，层次清晰。

这一环节的设计目的是经过梳理，引导学生理解孟子说理的手法和思路，从而更好地理解文本的意思，进一步促进学生对孟子所代表的儒家思想的理解。

6. 思考探究

"请你为文章另拟一个标题，并试着写一段话给教材的编辑，说说你的理由。"

这一环节的设计目的是引导学生在阅读文本时进行思考与审辨，促进对文章内容与思想的理解。

三、课堂设计的实践与反思

在《富贵不能淫》的课堂教学设计和实践过程中，通过"同课异构"的教学研讨，由本校教研组的老师们和外校的指导老师们共同开展文本解读、教学环节设计打磨、实施教学等工作。作为参与其中的青年教师，我受益匪浅。在此次的"同课异构"中提出的问题及对问题的分析和研讨，能有效地改进我的教学行为，提高教学水平，同时也给了我自我反思的方向。

在课前对学情的把握上，通过共同研讨以及老师们对我的指导，我增加了预习单的设计，给学生的自主学习提供了抓手，有效落实了预习任务。同时在课堂上将检查环节融入课堂的主环节中，一定程度上提高了教学效率。

在对教学整体流程的设计方面，在"同课异构"的讨论时，每位教师对同一教学材料的不同处理方法、各自的教学策略所产生的不同教学效果，打开了我的教学思路，使我的教学环节设计逐渐顺畅，能够引导学生梳理清楚孟子的论证思路和观点。

在课堂教学实践时，通过"同课异构"的团体智慧，把诵读作为整个教学的核心环节，将文意理解和问题探讨结合起来，提高学生文言文阅读水平。并且在反复诵读的基础上，设计了比较诵读的环节，通过诵读体会人物的语气，理解人物情感，进而帮助学生培养语感。通过反复诵读，帮助学生在课堂上能够直接进行背诵积累。

但在最终的教学实践呈现中还有一些缺憾。在教学时，我发现学生对我提出问题的方式和切入点出现了不适应，教学时间较为紧张，学生对问题的理解也出现了偏差。因此，我对问题的设计能力还要加强，每个环节的问题都要环环相扣，而且难度要层层递进。同时因为教学时间较为紧张，没能通过诵读更好地让学生体会到孟子说理的特点。这些都是在今后进行"同课异构"时，我需要继续与老师们讨教、探究的问题。

▶ **参考文献**

[1]中华人民共和国教育部.义务教育语文课程标准（2022年版）[S].北京：北京师范大学出版社，2022.

[2]温儒敏."部编本"语文教材的编写理念、特色与使用建议[J].课程·教材·教法，2016，36（11）：3–11.

教师感悟 ··

教师：沈丹

入职时间：2014年

交流轮岗时间：2021年9月至2022年6月

流出校：田林第二中学（六年级英语）

流入校：西南位育中学（七年级英语）

2021学年，挑战与收获并存，感谢田林第二中学和西南位育中学的领导们给了我这次流动任教学习的机会，让我受益匪浅。时光如梭，一学年的教学工作即将进入尾声，这一学年对我来说，很特别，很有挑战，很充实。

我在西南位育中学担任了七年级两个英语小班的教学工作，回顾过去这一年，思绪万千，下面主要从三个方面来谈谈我的收获和感触。

一、教学上值得借鉴之处

1. 努力挖掘，补充教学资源

在去西南位育中学任教前的暑假，备课组长发给我学生的暑假作业清单，其中有一条是听 mp3、读文本、做笔记。这个作业很吸引我，因为很新颖，很用心。文本有两篇，皆选自《上海学生英文报（SSP）》；MP3 文件有两个，一个是阅读文本的示范朗读，另一个是对阅读文本内容知识点的讲解。这两个音频都是学校老师自己录制的，文本朗读发音标准、悦耳，文本解读到位，知识点讲解清晰且具拓展性。这样的作业颇具亲和力，我想肯定深受学生喜爱。

在备课组交流中，我了解到六年级备课组在曹老师的带领下，每周都会精选一篇听力文本，设置听力任务，由组内老师录制音频，在课堂上让学生练习抓实词、关键词，学会速记，从而提升听力技巧。这样的听力作业是有温度的，训练是有针对性的，相信通过日积月累的训练，学生的听力定会有所提升。

以上两点给我的启发是，在教学中我们要努力做个用心的、智慧型的教师，尝试挖掘开发各类教育学习资源，让它们更好地服务教学，切实地帮助学生提升英语学习能力。

2. 精心命题单元卷，及时检验学习成果

每个单元的教学结束后，都会进行一个 35 分钟左右的课堂练习。这份练习是由单元的负责老师精心设计的，通常会设置 20 分的词组默写，54 分的基础题（包括选择、词转题、时态题、句转题），20 分的阅读题，6 分的中译英。从试卷题型题量的分配不难发现，测试的目的主要是考查学生的基础知识掌握情况。我们会挑选单元重点知识以及学生练习中的易错题，命题兼具质量和针对性，能够较有效地检测学生对单元内容的学习掌握情况。我认为这样的单元检测卷对于评价学生单元所学更有针对性，也更具参考性。学生和家长都可以较直观地看到近期的学习成果，也可以及时调整学习状态，查漏补缺。

3. 巧设阶段性作业，做好作业展示及评价

作业是课堂教学的自然延续和补充，它能使学生更好地吸收、消化所学的知识，是巩固、掌握和深化课堂所学的重要手段。在西南位育中学的任教中，除了

常规性的作业，我们还会布置一些阶段性的拓展作业，锻炼学生语言运用能力。比如我们曾布置了以"Welcome to ＿＿＿＿＿＿（a city/ a country）"为题的作业，让学生介绍一个想去或者已经去过的城市、国家。作业的形式可以是 3 分钟左右的视频，也可以是 A4 小报（手绘或打印）。这项作业与第一单元的文本学习内容息息相关，但在此基础上又有所拓展迁移，需要学生思考、想象、探究。类似这样的作业可以较有效地激发学生的学习动机，学生做作业会感觉更有趣，作业也就能发挥更多的复习和学习的作用。再比如，我们也让学生尝试阅读原版小说，并设计分层选作的作业，如：词句积累照抄、小说片段朗读、小报阅读、心得体会书写等。

在教学中，我们可以适当地丰富作业的形式，尝试设计一些具有趣味性的、新颖的、略有挑战性的作业；可以挑选优秀的作业让学生在班内进行展示介绍；对有些作业，还可以把评价的权利交给学生，让学生点评、建议、投票选举优秀作业。这样的作业不仅锻炼了学生的学科能力，还能提升他们对英语学习的兴趣，激发英语学习的动力。

4. 分工合作，共享成果，教学资源体系化

西南位育中学七年级备课组，东、北两个校区的英语老师加起来有 11 名之多，是个庞大而温暖的大家庭。在备课组长 Zoe 的带领下，我们互帮互助，齐心协力，一起顺利走过了线下与线上教学相结合的不平凡的一学年。

在去西南位育中学任教前的暑假，我接到了备课组长的工作安排，选择一个教学单元（先选先得），完成一系列的单元备课工作。看到具体的备课要求的那一刻，我忍不住感叹：量不小啊！备课材料非常系统化，主要分两大类，包括单元的各类设计梳理以及各类练习试卷命题，加起来需要提交 11 份材料。没有现成的资源，都要白手起家，阅读材料需要从更新的 SSP 或者其他报刊中选取，与阅读配套的题目练习也要自己原创设计。在感叹任务艰巨的同时，我也很庆幸自己能够成为团队的一员，贡献我的智慧和力量。我们每个人需要认真完成一个单元的精细备课（开学后需要伙伴进行复核），虽然量大，但是我们也能彼此共享备课成果，先苦后甜。

第一学期，我去曹老师的课堂听课学习，意外地发现六年级的学生竟人手一

本学校自编的音标学习册。音标学习很重要，但是没想到西南位育中学能做得如此系统到位。在音标学习的页面，配有二维码，学生可以扫码听读每个音标的发音。除了音标罗列，还配有常见的发这个音的字母组合的例子，另外还配有短小的绕口令或者短句来进行强化训练。

教学中，有些工作的确很难。一个人的力量是渺小的，但是我们可以抱团取暖，分工合作，聚沙成塔，在工作中不断积累经验，争取教学资源体系化，从而更好地提升教学效果。

二、提供平台，给予学生展示锻炼的机会

在西南位育中学的第一学期，有两个活动让我记忆深刻。第一个是 9 月底举行的"为师代劳"活动。我们各科老师都会号召学生把握机会积极参与，鼓励学生选择一门较擅长的学科，然后与老师商议具体"代劳"的时间和内容。比如我的英语学科，当初有两名学生报名参加。首先，结合进度安排以及这两位学生感兴趣的、擅长的方面，我分别给他们确定了单元基础题讲评以及周末阅读卷讲评的代劳任务。其次，给学生一定时间准备后，我会要求学生讲一遍给我听。对做得好的地方提出表扬，对需要注意或改进的地方给出反馈和建议。这两位学生很重视这次机会，精心准备，最后呈现的效果也让同学们称赞。我觉得这样的活动很有意义，不仅能让学生对代劳的内容有更深刻的理解，而且锻炼了他们的心态、语言表达能力等，是一次很好的历练和成长的机会。

第二个是 12 月的"英语月"活动。每个年级都有各自的主题内容，我们七年级是英语歌曲比赛。自选曲目，个人或团体不限，每个英语小班内部先初赛选出票数最高的，再参加年级层次的会演，会演结束时全体合唱指定的一首英文歌。当时班内竞选时，个别学生让我很惊喜，平时英语学习特别吃力的同学，唱起英文歌来毫不逊色，单词发音、歌曲节奏、韵律都很标准。A 同学在年级会演时的一首 rolling in the deep 伴奏演唱，让同学们深受感染，掌声连连。此刻，我依然能记得在舞台上，A 同学开始略带羞涩，慢慢放开自我自信演唱的模样，美得让人陶醉。英语月的活动，搭建了让学生锻炼、展现自我的平台，丰富了学生课余文化生活，进一步浓厚了校园英语学习的氛围，同时，也能够较有效地激发学生对英语学习的兴趣，树立自信，提高学生的英语水平。

每个学生都渴望被关注、被认可，对低年级的学生来说更是如此，他们还有更强的表现欲。因此，我们可以投其所好，开动脑筋，在平时的学习生活中，组织多样化的英语活动，为学生创造自我展示的机会，让他们在丰富的活动中成长！

三、师徒带教，组内学习，助力新教师发展

为了更好地促进青年教师的发展成长，提高青年教师的思想政治素质和业务素质，发挥骨干教师的传帮带作用，目前，不少学校都会采用"师徒结对"的培训方式，让有经验的老教师发挥余光余热，薪火相传。我们田林第二中学和西南位育中学也不例外，但是略有不同。

西南位育中学的师徒带教并不局限在新教师的第一年，只要是到第一次任教的年级，学校都会安排一位组内经验颇丰的师傅带教。这点从青年教师的角度来看，真的受益多多。就英语学科而言，八、九年级的教材和六、七年级的教材相比，在难度和教学要求上有明显的提升。如果有师傅带教，那么在教学中可以少走很多弯路。另外，相比其他学校，西南位育中学的青年教师有三年的时间可以向自己的专属师傅学习请教。师徒带教的内容不仅涵盖了日常课堂教学、公开课教学，还包括了练习试卷命题以及教科研论文撰写等。西南位育中学的七年级英语备课组是个温暖的大家庭，在平时的工作中，我们齐心协力，共同分担，互相帮助。我也很幸运，感谢西南位育中学帮我安排了带教师傅陆秀叶老师，她不仅帮助我较快地适应了新的工作环境，而且在英语教学上也给了我很多指导和帮助。

在西南位育中学，我不仅可以和师傅学，组内教师互相学习的氛围也很浓厚。日常教学中，只要是较空的那天，我们都会抽空去听听课、评评课。组内经验丰富的老教师会把自己习题讲评课的黑板笔记拍照分享，我们年轻教师就跟着学习。大家把资料轮流整理成电子版，也会分享给学生查漏补缺。在早读的时候，让学生把答案带进去读题，读知识点，温故而知新。

此外，西南位育中学的学生学习能力、学习自觉性和家长的重视程度相对较高。平时的作业订正发下去，大部分学生都比较积极。对于小部分需要努力和督促的学生，我会用课间、自修课等时间重点关注，尽量做到当天过关。

西南位育中学的英语分层教学也是一大特色，每周有两节分层课进行提优补差。比如，A 层同学在语法教学的基础上，主要进行 SSP 报刊阅读的学习拓展，而 B 层同学的重点则放在语法基础的强化和夯实。这样，日积月累，不同层次的同学都能有所积累和成长。教学相长，在这个过程中，我的专业知识以及出题能力也得到了不少提升。

以上是我在西南位育中学这一年的些许经验和感触，在西南位育中学的日子，我感受到了满满的温暖和力量。我想我会一直记得这段特别的经历，记得那些一起奋斗、认真工作生活的日子。在今后的工作中，不忘初心，虚心学习，勤奋工作！

交流评价

沈丹老师在交流教学的这一年，无论是教学还是教研，都勤恳踏实，虚心对待。课前，沈老师积极听课、认真备课，撰写详细教案；课上，沈老师悉心讲解，细致复习，给学生打下了扎实的基础；课后，沈老师及时批改作业与订正，保障教学质量；课余，热情的沈老师时不时对备课组的工作提出改革构想。沈老师爽朗的性格深得同事们的喜爱，认真的教学态度也得到学生们的认可，这一年的教学取得了良好的效果。

强校重在强事

在实施强校工程中，田林虹梅学区率先开展教师交流轮岗工作试点。西南位育中学坚持优质品牌辐射带动，开展紧密型学区化集团化办学试点。根据田林第二中学发展需求，因地制宜，领衔组建紧密型集团或学区，集中优势资源全方位支持实验校建设。同时，西南位育中学与田林第二中学积极推动提升学区、集团内两所学校优秀干部、骨干教师流动比例，实施教师联合培训、联体研修、联动科研，努力提供强有力的人才支持，多渠道提升实验校干部管理能力和教师专业能力，取得了一定的成效。

一、"牵手计划"工作的实效

强校先强师，促进教师队伍的专业成长是实现学校内涵式发展的根基。早在

2010年，西南位育中学就与田林中学、田林第二中学、田林第三中学开展了教师培养的校际联动。借助强校工程，我们又通过教师的合理流动把这种联合培养教师的思路进一步打开，举措进一步做实。

两校间的交叉型同课异构研讨，是为了区别于以往单靠自身教学经验的做法，在改进教学的实践中互评互促，共荣共进。

"西田三元制"中的"牵手计划"同样如此，通过专家讲座、专题讲座和教学展示研讨活动，分层次、有计划地使教师特别是青年教师的培训工作形成上下互动序列，全面、全方位地进行岗位能力实训。

"每个教师都有自己的教育风格，这也是与众不同的魅力所在。我们针对教师的培养和发展不是要磨灭个性和风格，而是要根据不同的风格，帮助教师认清如何挖掘自己的潜力，形成独具特色的个人魅力。"金琪介绍，针对田林第二中学教师特点，西南位育中学通过专家听课带教、名师把脉等方式，聚焦优秀教师教育风格的培养，打造各具特色的名师品牌。

在田林第二中学派出教师流动到西南位育中学进行浸润式学习的同时，西南位育中学派出18位50岁以下的优秀教师来到田林第二中学上课、带教。18人之一的数学教师何轶琳直接就接下了田林第二中学的教学班，由于教学成绩出色，从带教一个班扩展到了两个班。她在来之前就做好了心理准备——田林第二中学的生源情况和西南位育中学很不一样，不过在进行第一次摸底测试时仍然被震惊到了——学生学习成绩差异极大，八九十分者有之，十几分的学生也有，有的学生甚至连乘法口诀都背不全。

"我能深切感受到田林第二中学老师特别不容易。"何轶琳唯有转换思维，耐下性子创新教学方式来完成教学任务。她一方面主动关心，设身处地地为学生考虑，和学生拉近关系，在情感上打动他们；另一方面进行作业分层，引导学优生挑战难题，保证学困生做对基础题目，甚至请个别学生找小学题目进行计算练习，打牢基础。作业分层这一做法不仅减少了班级作业抄袭的情况，而且培养了不同学力学生学数学的积极性，帮助他们在原有基础上得到切实的提高。据悉，何轶琳来了短短两个月就让任教班级的数学成绩有了显著的提升。并且，其他班级也开始推行作业分层这一做法。

"西南位育中学老师的到来，让我们的老师看到教学更多的可能性，无论是心态还是能力都有了积极的变化。西南位育中学的老师甚至还邀请我们的老师加入他们的解题群，时常进行综合题的设计和训练。"田林第二中学常务副校长王卫珍介绍，西南位育中学与田林第二中学的联动有着深厚的基础。早在 2010 年，西南位育中学就与田林中学、田林第二中学和田林第三中学开展了校际联动，包括语文教研组长在内的田林第二中学多位骨干教师就是由西南位育中学带出来的。因此，田林第二中学被纳入强校工程后，更迫切地需要西南位育中学提供全方位的支援。王卫珍希望，借着强校工程的东风，田林第二中学不只是传统的联动学科能有提高，其他一些学科也能借助这一平台有更大的发展空间。

在西南位育中学党委书记、田林第二中学新聘任的校长金琪看来，在教育局的要求下转换身份，支援田林第二中学提升教育教学质量，是她义不容辞的职责，对双方学校都是一件双赢的事情。双方教师交流期间的听课磨课对两校教师都有帮助。田林第二中学的优质师资也可以让西南位育中学的教师受惠，比如西南位育中学物理教研组长马玲燕由田林第二中学的区物理中心组教师何克力带教。此外，经常光顾田林第二中学的强校工程专家指导团的专家，在指导田林第二中学教师的同时，也对西南位育中学支援教师专业素养的提升有很大的帮助。

自强校工程推进以来，田林第二中学的教师队伍面貌有了很大的改观，实现了 100% 教师参与教学诊断、100% 教师参与校本课程的开发和研究，以及 100% 教师参加过跨校联合教研，专业能力持续提升。

二、"影子计划"工作的实效

从同课异构的互换学生，到教师流动交换学校，教师柔性流动，交叉任职，资源共享，是"影子计划"的关键环节。

"我在这里得到了经验极为丰富的陈丹娅老师的师徒带教，不仅能参与每次备课组和教研组的研讨活动，还能聆听备课组内每位老师的公开课和家常课。"让陆小涵印象深刻的是，在备课组内开展《寓言四则》的同课异构听评课时，因为新教材改革文章是之前没有接触过的，组内教研氛围浓厚，共同在线上线下研讨文言字词的解释，不遗余力地为她梳理教学思路，明确寓言类文章教学的方向。教研组长方洪和陈丹娅更是在听评陆小涵《陈太丘与友期行》一课时，将课堂的每一句话都实录下来，一一校正用语不恰当处，并对称谓、人物说话语气和句式、前后动作的细节这些比较容易被忽略的教学点提供了宝贵的教学建议，为看似呆板短小的文言赋予生气。

作为任教第三年的职初期教师，又面临教材改革，在陆小涵看来，柔性流动给了她不一样的挑战。"我第一次任教七年级，对这一学年的教学目标还不熟知，挑战很大。西南位育中学学生与原先接触的生情有所不同，在教学难度的定位上有更大难度。"这份压力成为教师成长的动力，不仅是专业能力上。在协助班主任班级管理和建设时陆小涵老师发现，同样是年轻教师，班主任既能与学生成为朋友，又有很强的班级感召力，这与奖惩分明的班级制度建设和丰富的班级活动组织密不可分。"我明白了教师要想学生所想，最大程度给予他们平台和尊重，和家长并肩作为教育合伙人而不是消息收发人，传递孩子的心声给家长，也让孩子懂得家长的期许和苦心。"

在联合教研、互相听课、交叉任职中，双方互相学习，取长补短。强校建设两年来，两校互派干部，西南位育中学先后有书记、校长、教研组长、主干课程的骨干教师等各类干部到田林第二中学进行阶段性指导。

Chapter 04

"强基·深耕课程教学"：
用好强校工程的"催肥剂"

第四章

"西田三元制"模式始终坚持把立德树人融入思想政治教育、文化知识教育、社会实践教育各环节，贯穿于教育各领域学科体系、教学体系、课程体系。我们一方面强化课程内容多样性，另一方面强调核心素养落实多样性，整合推进，互为融通，实现国家课程校本化实施与核心素养培育的全面落地。

——王卫珍

构建"西田三元制"模式是我们义不容辞的职责，积极支援实验校加快课程改革、提升教育教学质量，对双方学校是一件双赢的事情。

——金琪

习近平总书记在党的二十大报告中指出，坚持以人民为中心发展教育，加快建设高质量教育体系，发展素质教育，促进教育公平。课程建设是高质量教育体系构建的重要基础，是学校改革发展的核心元素，是强校工程实施的核心抓手。引进外部资源的同时，通过实验校与支援校融合探索，田林第二中学逐步完成了基础、拓展、探究三类特色课程开发，立体化建好三类特色课程，丰富育人课程体系，探索强校建设的系统中枢，致力于引导学生树立共产主义远大理想和中国特色社会主义共同理想，增强学生的中国特色社会主义道路自信、理论自信、制度自信、文化自信。

◀ 第1节 ▶
做强基础课程，打牢学生知识能力结构的基础

只有能够激发学生去进行自我教育的教育，才是真正的教育。提供"适合学生的教育"就是要建设出"适合学生的课程"，构建适合学生发展的学校课程体系。依托强校工程，实验校田林第二中学致力于打造基础精品课程，努力夯实学生知识能力结构根基。学校认真组织实施市教委提升中小学课程领导力实践项目，有步骤、有计划地推进基于课程标准的国家课程校本化实施工作；结合对中考试题的研究和考点分析，完成校本的"三练"题库建设；基于生情、学情的大变化，下功夫做好中小衔接工作。

一、基于精准定位学生能力成长，打造基础精品课程

（一）坚持"以人为本"基本理念，建强基础课程体系

基础课程主要涉及语数外课程，这是强校建设的核心课程，承载着多元维度、不同路径的丰富内涵。田林第二中学基于培养目标指导基础课程体系育人目标的设计和运作，主要关注这些核心课程及其教学活动对学生发展的影响，并明确表达出本校学生通过课程学习所获得的合理发展预期结果。

进一步深化基础课程群的开发与实施，不断夯实学校基础课程体系内涵。学校聚焦内涵发展，不断加强基础课程管理，聚精会神抓好课程教学工作。组建基础学科专业队伍，加强对复习课、讲评课的专题研训，依托备课组在日常教学与课堂建设中开展研讨、总结、提炼和案例撰写，沉淀可借鉴、可推广的教学设计研究与经验总结文案，以不断提升教学的科学性、针对性、有效性。聚焦对"三课"（新授课、复习课、讲评课）、"三题"（例题、习题、试题）的研究，推进"三题"适切性、层次性和有效性研究，加强基础课程考试命题研究。结合新一轮三奖评选，开展基础课程教学素养展示评选活动，强化师德教育和教学基本功训练。以外语课程教学为例，围绕重要特色课程建设，学校努力创设校园的英语语言环境，逐步形成英语特色课程。学校在预备、初一年级开设了由外籍教师授课的小班化英语口语课，探索创优学生相关教材使用，积极创新英语口语课程教学方式。在课堂教学中，教师注重选择贴近学生生活的活动来提升学生运用语言的能力，关注学生的学习过程、学习体验、学习兴趣和学习成效。

（二）夯实基础精品课程内容，着力提升授课效果

基础课程作为强校建设的重点环节，依托"西田三元制"实践模式，实验校田林第二中学着力深研课标、明确目标、提高实效、保证质量、发展学科素养、打造精品课程。

1. 推动课程内容、核心素养整合融通，充实基础精品课程内容建设

田林第二中学在基础课程内容构建过程中，一方面强化课程内容多样性，另一方面强调核心素养落实多样性，整合推进，互为融通，实现基础课程内容建设与核心素养培育的全面有效落地。通过实验校与支援校的融合探索，基础课程关

注教育者与受教育者的双向互动作用，重视教学方法、教学手段、教学理念的改革与创新。课堂中对知识和能力，过程和方法，情感、态度、价值观等教学目标有更具体的认识，让授课效果大为改善，夯实学生的知识能力结构。

2. 注重传统与现代技术协同嵌入，探索基础课程综合化教学

田林第二中学发挥课堂主阵地效应，坚持教学相长，不断优化教学方式，注重启发式、互动式、探究式教学。课前指导学生做好预习，课上讲清重点难点知识体系，引导学生主动思考，积极提问，自主探究，善于运用传统与现代技术手段，重视情境教学，探索基于学科的课程综合化教学，开展研究型项目化合作式学习。精准分析学情，重视差异化教学和个别化指导，定期开展聚焦课堂教学质量的主题研修活动，形成基于标准的单元教学范式。促进信息技术与教育教学融合应用，积极探索基于信息技术和互联网的教学，加强信息化终端设备及软件管理，进一步建立健全数字化教学资源管理机制。

3. 全力加强基础课程教学管理，积极完善作业考试辅导

田林第二中学积极健全教学管理规程，统筹制定教学计划，优化教学环节，开齐、开足、开好国家规定基础课程。严抓教学五环节，坚持和完善集体备课制度，认真制定教案，切实加强课程日常监督。统筹协调不同年级、不同学科作业量和作业时间，促进学生完成基础性作业，强化实践性作业，探索弹性作业和跨学科作业，不断提高作业设计质量。加强对作业批改的监督检查，强化面批讲解，及时做好反馈。加强分层教学思考与设计，建立学有困难学生帮扶制度，为学有余力学生拓展学习空间，不断提高课后服务水平。加强考试管理，严格把控考试内容：设计要符合课程标准，联系学生生活实际。不以任何方式公布学生课程成绩和排名情况。

4. 充分依托视导总结、反馈，促动基础课程授课的成效提升

通过视导总结、多形式反馈，田林第二中学对基础课程教学中的共性问题或视导中发现的主要问题采取教工大会集中反馈的形式，以备课组为单位，由视导小组对学科教学进行面对面反馈指导。视导小组成员及时将视导听课等检查评估过程性资料记录上交，便于统计和反馈。视导人员在基础课程教学视导中认真参与，参加备课组活动要及时查备课活动记录并听课，听课后及时查教案、查学生

的课堂笔记及作业情况，了解基础课程课堂教学的效果。视导小组成员梳理视导年级学科教师现状，总结教育教学中的亮点和不足，提出针对性的建议或改进措施，通过精准诊断及有效施策来提升基础课程教学工作成效。

二、基于有效提升课程领导力，推进课程校本化实施

田林第二中学积极开展课程领导力项目研究，推动国家课程校本化，组织好基于基础课程标准的单元教学，致力于让学校 100% 的基础课程有校本化实施框架，建立命题作业考试标准化科学流程。

（一）认真开展国家课程校本化实施，有效推动课程建设落地落实

为全面贯彻落实立德树人根本任务，促进教育教学内涵建设，田林第二中学经申报成为第三轮课程领导力项目实验校，通过对课程与教学的关键要素开展行动研究，提高课程与教学质量，提升学校的课程领导力，助推基础课程深化内涵建设。在为期三年的"上海市提升中小学课程领导力行动研究"项目开展过程中，最大的收获在于形成了"办时代需要的教育，以研究引领教育"的思想方法。回顾项目伊始，《国家中长期教育改革和发展规划纲要（2010—2020 年）》《中共中央 国务院关于深化教育教学改革全面提高义务教育质量的意见》、"中国学生发展核心素养"体系理论等国家相关教育文件及研究理论，其中所蕴含的教育理念与目标，始终引领着田林第二中学的教育改革方向，为本项目提供理论基础。而所有这些学校工作的落实、远景目标的实现，其研究与实践基础无不对标于"指向学生发展核心素养的综合课程群的开发"和"导向学科素养的单元教学设计与实施"两大课程领导力研究项目的有计划开展与实施。可以说，将两个项目研究融入近几年学校工作落实的方方面面，以研究与实践促进教育教学改革推进，促进学校基础课程建设发展。

学校探索国家课程校本化实施的途径和方法，通过国家课程标准—学科教学指南—教学手册—教学设计的三级转化，实现基础课程教学目标、教学过程、教学评价的一致性，形成以学习为中心的课堂教学范式，建设与完善以校为本的基础课程教学质量保障体系，促进学生学科素养和综合能力的整体提高。

国家课程具有普适性的特点，需要通过校本化的开发和建设，才能在校内加

以实施。学校在市、区专家的指导下，深入推进基于课程标准的课堂教学研究，通过学科教研组共同编制符合校情、教情、生情的《学科教学手册》，组织各教研组开展《学科教学手册》编制的专题研修；通过研读课程标准，编制单元教学设计样例、培训讨论样例、实践检验样例，修改完善后定稿。帮助教师在教学设计、实施、评价等环节，与课程标准保持高度一致，准确定位教学目标，合理设计教学活动，科学设置课堂评价，基于课程标准进行作业与测试，保证国家课程校本化实施得有序、有信、有效、有度。在"一号工程"引领下，结合课程领导力研究项目，继续探索国家课程校本化的规范实施，从单元教学目标、教学内容、教学活动、教学资源、教学作业、教学评价、学科核心素养多个方面，研讨单元教学设计，深化学校基础课程建设工作。

学校依托《学科教学手册》编制，实施单元教学设计，遵循"从标准—单元—课时"，不断提高教师基础课程课堂教学的规范化程度。围绕教与学方式优化探索，学校从教学资源、教学条件出发，兼顾学习活动、学习支持、学习评价、学习资源等要素，积极创优课程设计，针对学生的学习和生活经验选择教学内容和策略，坚持指向核心素养培育和以学生学习为中心，构建高质量、高效率的课堂教学形态。学校组织各教研组开展专题研修，通过研读课程标准，完成单元教学设计样例，进而结合生情设计课时教案；通过开发具有较强科学性和实用性，包括课堂习题、作业、测验、考试在内的一系列教学评价工具，用评价引领课程建设、检验课程实施质量、诊断课程教学问题，并通过不断改进和完善来解决问题，进一步建设与完善以校为本的教学质量保障体系；通过设置"编制完善导向学科素养的单元教学设计与实施"研修任务，解决教研流于形式、重任务布置轻教学研修的问题，促进教师教学能力和科研能力的提升，扎实推动校本课程建设落地。

（二）对标基础课程考题标准，筹建科学有效的"三练"题库

围绕提升学校教学管理的水平和效能，推动语文、数学、英语等国家课程有校本化实施框架，结合对中考试题的研究和考点分析，田林第二中学以语文、数学、英语各备课组为单位，在对中考试题及考点解析探究的基础上，根据校情和生情，努力建立科学有效的"三练"题库，完成了校本的"三练"题库建设，即

课时练、课后练、单元练。课时练主要解决了课堂学习内容与测评形式脱节以及课堂教学内容检测反馈效度低的问题，针对课时教学重难点内容，开展学案课堂教学，坚持课课有学案，运用学案助力完成课堂教学任务。课后练做到有巩固、有分层、有提高，题题精准，题题有效，能给予学生与教师核心知识与能力的掌握情况的反馈。单元练能帮助学生复现与梳理单元学习核心内容，发现盲点与学习薄弱之处，做好知识的融会贯通与校本运用。

学校还组织印制了学期校本作业册，在实际教学中依据学科质量标准及单元教学目标对"三练"题库形成使用性评价，并提出相应的修改完善意见，同时启动后续校本作业册的相关研制工作，充分发挥校本作业册应用的积极效能。

三、基于生情、学情变化，做好中小衔接与差异化教学

"教学必须从学习者已有的经验开始。"紧密结合"西田三元制"实践，实验校田林第二中学一方面基于生情变化全力做好中小衔接工作，另一方面基于学情变化积极探索差异化教学工作，进一步提升学生培养效能。

（一）基于生情变化，下功夫做好中小衔接工作

随着近几年生源结构和层次的大变化，依托"西田三元制"实践模式，实验校田林第二中学注重做好在校学生学习情况的调查与研究，分析学生学习的现状与特点，掌握学生的动态变化，制定各学科的中小衔接方案，开发语、数、英三门学科的中小衔接校本教材，调整好六年级教学的宏观思路和具体策略，进一步深化中小衔接与学案教学。基于学校生源的变化，对接中考改革，田林第二中学开展了全学科学情分析，并结合六年级教学视导，重点开展了语、数、英学科的小升初教学衔接专项研究，从学生特点、教学难度、教学内容、教学方式等方面入手，实施既符合初中课程标准要求又符合学生学习和发展需求的课堂教学。充分认识到部分六年级新生入学时语、数、英学科学习不达标的问题，田林第二中学积极制定行之有效的入学前或者入学初期夯实小学核心学习内容的衔接方案，让起始年级的分化问题能够在早期得到有效控制，让更多薄弱学生顺利过渡到初中阶段的学科学习进程。

田林第二中学通过视导活动推进基础学科教学活动高效开展，进一步增强小

升初教学衔接的连贯性和延续性。为全面了解六年级的教育教学情况，以"有效教研、有效课堂、有效作业"为抓手，以学科备课组活动、教师课堂分层教学、作业设计辅导、学生学习习惯养成等为重点，通过视导活动，推进六年级各学科教学活动的高效开展，强化课堂教学的有效性与针对性，聚焦落实"双减"政策过程中作业的减量提质，扎实做实做好学生课后服务工作，促进教学质量的不断提升。同时，以教学视导为载体，开展田林第二中学、西南位育中学两校六年级备课组联合备课、问题研讨、专项培训等，建立教师学习共同体工作机制。

（二）基于学情变化，积极探索差异化教学

作为普通公办初中，田林第二中学学生的学力差异较大，部分学生学习缺乏自信心和自觉性。学校积极探索基于学情的差异化教学，开展分层教学、分层作业、分层辅导，并依托视导检查了解六年级学生教育教学情况，增强差异化教学落地效能。

1. 分层教学着眼于使学生能在原有基础上得到发展

分层教学是强调适应学生个别差异，着眼于使学生都能在原有基础上得到发展的课堂教学策略，包括备课环节的分层和上课环节的分层等。如在备课环节，教师必须想到学困生，明确他们学习过程中的难点和容易出现的错误；在上课环节，教师要将一些较大、较难、较深的问题分解成较小、较易、较浅的问题，鼓励学困生能参与课堂学习。

2. 分层作业着眼于选题编题充分考虑不同层次学生实际

分层作业是教师在选题编题时能充分考虑不同层次学生的实际，进行作业分层布置。为了进一步提高课堂教学效益，实现有效作业设计与实施，教师须在选题、编题上下功夫，提高课堂教学与作业的关联。教师须充分考虑不同层次学生的实际，控制作业时间，实施分层作业，针对性地调控作业难度，设计具有不同层次性的作业，使作业既有统一要求，又能照顾不同类型学生的实际，从而让每个学生在适合自己的作业中取得成功，使作业达到效果，促进学生健康发展。一是提高作业与课堂教学的关联，有效控制作业的难度。在教研组的组织下，结合各学科校本教学手册的编写，根据细化的教学目标，编制课时练、课后练和单元练，并以此促使教师进一步理解新课程，提升基于课标的教学的实施能力，提升作业设计与教学目标、课堂教学的一致性，使作业的设计也更有针对性。二是重视学生差异性，实践因材施练，有效提升作业效果。受文化环境、家庭背景及自身因素影响，学生间的知识储备和应用能力差异是客观存在的。新课程提倡"尊重个体差异"，反对用"一刀切"的作业来要求千差万别的学生。这要求教师在课内外作业的设计上分出层次，在容量上既不增加学生的负担，又要尽可能发挥学生的潜能，从学生实际出发，针对学生的差异设计具有层次性的作业，为每一个学生创设练习、提高、发展的环境，为学生提供选择的机会与空间，以满足不同层次的学生需要，帮助学生在各自的"最近发展区"内获得发展。学校许多学科对不同的学生有不同的课外作业的要求。对基础比较好，学习自觉性和积极性相对比较高的学生，作业的开放性、拓展性和自主学习的要求就比较高，鼓励学生"拔尖"，如布置小课题项目研究、实验报告、案例撰写等长期作业；对基础比较薄弱的学生，作业多以基础性的练习为主，力争达到学业质量合格；对学习成绩居中，缺乏自觉性和积极性的学生，在基础性作业的基础上，适当增加提高性练习，激发学生的学习动力，使每个学生通过不同难度、不同数量的作业，在原有的基础上各有收获，都能享受到成功的喜悦，使每个学生都成为学习的成功者。三是定期开展学生评教和学生座谈，有效监管作业时间。学校每学期组织两次学生问卷和座谈会，了解作业时间及作业数量。学生线上完成无记名问卷，由后台统计数据，教导处会针对问卷情况召开学生座谈会，在召开学生座谈会时有目的地了解情况，发现教师教学中存在的问题，及时反馈、整改，将学生作业时间控制在适当的范围内。

3. 分层辅导着眼于充分利用学生在校碎片化时间提优补差

分层辅导是教师充分利用学生在校碎片化时间，开展提优补差。如将学困生放在"优先辅导的地位"，每天要求他们在校内完成背默作业及"小白卷"基础题部分，批改作业尽量面批，帮助学困生找出错误原因，加强作业订正的督查力度。学校还为学有余力的学生开设了培优班，在六年级试点实行部分时段及部分学科走班教学等。此外，学校还积极提倡通过学案教学提高教学的有效性和针对性，如2018学年开展了主题为"基于课程标准的学案设计与研究"的教学评比和交流活动。

4. 视导着眼于"听、查、看、问"掌握六年级教育教学各方面情况

学校充分依托视导，通过"听、查、看、问"检查了解六年级的教育教学各方面情况，进一步增强差异化教学的落地效能。

"听"即围绕备课组集体研讨活动、任课教师课堂教学等开展视导。一是听各学科备课组活动，了解备课组单元教学、分层辅导等方面工作实施举措及成效，关注不同层次学生的学习需求，确保落实基于单元教学背景下的基本要求（教学中一定要落实的要求）、较高要求（对基础较好的学生或班级的要求）、综合能力要求（供优秀学生思考的要求），对每节课教学重难点的把握真正落到实处。所有视导组成员均参加各学科备课组活动 1 次（语、数、外学科）。二是随机按课表进行听课。视导小组成员均参加听课，了解"有效课堂、课后服务"的落实情况。在视导过程中，每位成员对本小组被视导任课教师的课堂进行听课，至少 1 节。三是听本次视导工作的总结汇报。

"查"即围绕任课教师备课、作业、分层辅导的开展，学生作业完成及订正等情况。一是查被视导任课教师的教案设计、课堂教学组织等情况；二是查年级组各学科分层作业的落实、课后分层辅导的开展情况；三是查作业设计、批改及反馈情况，学生课堂笔记等情况，重点了解学生学习习惯的养成情况。

"看"即围绕作业批改、学生课堂参与、班级学习氛围、师生间交流互动等情况。一是看班级的文化氛围、课后服务情况；二是看学生自习、课堂听讲、课堂笔记的记录、作业批改及订正等学习状况；三是看师生的文明、礼貌等精神面貌。

"问"即通过学生问卷，了解并分析学生每日作业平均完成时间、睡眠时间、阅读习惯等各方面情况。

◀ 第 2 节 ▶

做实拓展课程，引领学生综合素养的全面提升

拓展课程关注学生综合素养的全面提升，特别是创新能力、实践能力。田林第二中学课程建设关注学生素养，着眼学生未来，崇尚知行合一的教学理念，善

于打破常规，突破学生固有思维，引领学生重思考，力争让100%的拓展课程有规范实施大纲。

一、向宽上做实，力促资源共享，优化校本拓展课程

（一）构建科技类、运动类、艺术类三大领域校本拓展课程体系

"西田三元制"实践模式通过资源共享，构建科技类、运动类、艺术类三大领域的实验校校本拓展课程体系。田林第二中学根据各年级学生特点和发展需求，开发生活技能、科学实验、创意手工等一系列创客活动拓展课程，实现核心素养的逐步落实，提升学生的创新意识和实践能力。学校每学年举行科技节、艺术节、运动会、足球赛、田二杯科普活动，每学年开设20节以上的拓展课程供学生自主选择学习。具体实施办法包括以下几个方面。

其一，发挥学校团队作用，开展丰富多彩、陶冶情操、培养能力的团队活动，让学生在活动中体验自我管理、自我锤炼和自我教育，逐步提高各方面实践能力和水平。

其二，适应中考改革，借助支援校、校外机构等资源，组织辅导学生参与实践体验活动。通过集中培训、小组讨论、交流分享，不断提升学生课外实践的综合能力。

其三，积累学生实践经验，鼓励师生积极申报相关德育实践研究课题，探讨如何提高初中学生社会实践的有效性。

其四，搭建展示平台，鼓励学生自主参与，发挥各自潜能与特长，学会合作，追求最佳表现，在活动中获得发展。将社会主义核心价值观融入主题教育，贴近学生生活和实际，进一步完善校园文化体系，在现有科技节、艺术节、体育节的基础上，探索开展学习节、读书节活动，进一步营造主动学习、探究学习的校风、学风。以区本体验课程、校园文化和主题活动为抓手，培养学生主动参与和自主发展的意识，促进学生自信心的建立。学校提供相关的灵活拓展课程丰富学生课余生活，拓展学生的认识广度和思维层级。通过自主选修展个性、扬特长，让学生在丰富的课程盛宴中自由选择、张优扬长、广博视野，达到良好的特色育人效果。

表 4-1　生活技能与健身、艺术学习领域拓展课程（共开设 10 门）

课程目标	涉及学科	课程方向
1. 培养学生的生活技能和服务技能，提高服务意识，培养良好的生活习惯	音乐、美术、体育等	健身技能、生活技能、器乐、合唱、美育欣赏、绘画技法等
2. 培养学生终身健身的习惯和一定的体育技能，认识健身对人生的作用		
3. 培养学生艺术欣赏的能力，认识艺术对人生的作用，提高艺术素养		

（二）聚焦学生发展核心素养培育，积极深化跨学科拓展课程建设

1. 实验校开发跨学科课程，落实学生发展核心素养

其一，围绕学生发展核心素养内涵界定。中国学生发展核心素养的核心内容聚焦于培养"全面发展的人"，主要涵盖文化基础、自主发展、社会参与，"核心素养"之所以是"核心"，是因为它是关键必需，是少而精，并不是面面俱到。核心素养与学生一般素养、学科素养在概念和意义上是不同的。核心素养的培养改变了过去那种以知识、考试为主的方向，更加注重学生内在理想信念的培养，关注学生的生命质量和价值，突出终身发展的必备品格和核心素质。

其二，重视办学顶层设计，以培养学生核心素养为总目标进行顶层设计与层级计划。学校将培养学生核心素养与学校办学目标、办学特色相结合，并以此总目标制定学校计划、教学计划、教育计划等，聚集全校师生的共同愿景，目标统一、齐心协力，共同培养学生的核心素养。

其三，强化学校课程教学助推发展核心素养培育工作。首先，实验校田林第二中学学生发展核心素养的培育，是通过学校具体课程教学工作得以落实的，在秉持校本化方向的学校课程体系建设中，坚持笃定学校育人目标，明晰学生发展核心素养要点，立足学校办学特色、师资条件、生源特点，兼顾学校所处环境区域特点，依托现有资源和活动条件，坚持课程设计对标学生核心素养培育，在遵照学科内容特点基础上开发构建多元校本拓展课程体系。其次，立足提升任课教师教学能力和优化学生学习方式，基于已有课程体系积极开展优化探索，在学校课程规划上注重组织跨学科课程开发建设，围绕现有教学内容素材实现合理重构

和择优应用。学校对照学生核心素养发展内涵与基本点，结合办学定位，依托初中跨学科课程探索开发，推动校本拓展特色课程构建。

其四，变革课程育人导向，着眼跨学科课程建设优化，提升教师课程开发能力。"跨学科课程"是与"分科课程"相对的一个概念，是指有意识地运用两种或两种以上学科的知识观和方法论去考查和探究一个中心主题或问题，从而形成自身特色的一种课程。如果这个中心主题或问题源于学科知识，那么这种跨学科课程即"学科中心本位跨学科课程"（或"综合学科课程"）；如果这个中心主题或问题源于社会现实，那么这种跨学科课程即"社会本位跨学科课程"；如果这个中心主题或问题源于学生自身的需要、动机、兴趣、经验，那么这种跨学科课程就是"经验本位跨学科课程"，以上就是跨学科课程的三种基本类型。与其说"跨学科课程"是课程的一种形式，不如说它是一种课程观，因为它代表了一种教育思想，有明确的教学目标，对教材、教学过程、教师素质等都提出了新的规范。同时需要看到，尽管跨学科课程是新课程的主要形态，但国家并没有提供现成的课程样式，基于学科的综合性课程及综合实践活动，都需要学校自主开发。对于田林第二中学长期处于课程执行生态下的教师来说，这无疑是一大挑战。无论是学校还是广大教师，在新课程实施过程中，都必须生成一定的课程开发能力，从学生自身需求出发推动跨学科课程开发，更加贴近学生的生活，积极提供满足学生现实生活、未来发展需求的课程。

2. 推动实验校跨学科课程开发的具体实施探索

在跨学科课程开发过程中，实验校在具体实施上确定了作为跨学科课程组织核心的相关选择标准，明晰了跨学科课程相关评估形式，建立了相应的教师培训计划，深化了相关跨学科拓展课程系统开发。通过压实跨学科课程开发建设，助推实验校学生综合学习能力强化。

其一，确定作为跨学科课程组织核心的主题、问题和概念的选择标准。选择什么样的主题、问题和概念作为跨学科课程的组织核心，反映了特定的教育价值观和课程目标观。明确特定的教育价值观和课程目标观，据此确立选择课程组织核心的基本标准，在此基础上选择强有力的主题、问题和概念，这是实验校开发跨学科课程的首要环节。就目前的跨学科课程实践来看，对课程组织核心的选择要积极克服随意性、盲目性，全力实现理想的跨学科课程开发建设。

其二，明晰跨学科课程综合性评估形式。评估是开发与实施跨学科课程的基本保障，与跨学科课程相适应的评估应当是跨学科的、综合性的。

其三，建立单一学科知识与跨学科知识相结合的教师培训计划。要求没有机会去观察、反思、从事跨学科课程开发的教师在不同课程要素间建立起恰当的联系，这是不现实的。如果教师对各学科的概念缺乏恰当的理解，就不可能加以整合。因此，必须对相关教师加强培训，使其不仅对每一门学科的重要主题和概述有深入的把握，还对不同学科概念之间的内在联系产生深刻的理解。唯有如此，才能为不同学科的整合提供有效机制，才能为未来能够胜任跨学科课程的教师提供牢固的基础。

其四，深化面向学生发展核心素养的高质量、高效能、跨学科拓展课程系统开发。实验校田林第二中学基于学生发展核心素养的培养，适应学校未来发展的育人需要，以立足学生核心素养培养为出发点，深化跨学科拓展特色课程建设，不断提升学校拓展课程品质，构建一个围绕学生发展核心素养、遵循学校办学价值、符合学生个性需求的高质量课程系统。通过开发跨学科课程，促进教师自觉形成以学生为本的课程目标意识和指向学生深度学习过程的教学设计能力，不断提升教师的专业素养和教学能力。通过跨学科拓展课程的有效实施，提升实验校学生综合学习效力，丰富学生的学习内容，优化学生的学习方式，不断培养学生的实践能力和创新精神。

3. 实验校跨学科课程设计模式探析

实验校在跨学科课程模式探索中侧重多学科课程设计，并坚持以学生有兴趣的事物、学生生活中的经验、社会中的热门话题等为主题，将课程开展进一步细化落实。

其一，着重多学科课程设计。这种设计以学科知识为主要学习目的，设计时基于各学科本身的体系，在既有的知识内涵中寻找与主题有关的概念或素材，以此建立各学科与主题的关联性。多学科课程的思考起点在各学科知识，每个学科将在主题的范围内寻找各自领域的相关知识。主题的作用在于划定一个范围或提供一些素材以供各学科探讨各自的知识内容。学科知识才是学习目标，主题只是一个导引线索，甚至可能只是一些讯息总和的"名称"而已。

其二，以学生有兴趣的事物为主题。无论是小学生还是中学生，都有基于其年龄特点的兴趣领域，作为教师，要善于从他们感兴趣的事物中提炼课程主题。如低年级学生对动物感兴趣，教师就可以以"动物联欢会"为主题，通过认识动物、扮演动物、动物故事会、化装舞会、动物歌会、童话展等系列活动，将语文、数学、音乐、美术等学科知识有机整合，编制出学生喜欢的跨学科课程。这类主题跨学科课程多为超学科主题课程，内容的选择、教学的安排都以学生的活动为线索，是师生共同设计的。由于是兴趣课程，所以强调知识的实际运用，在运用中提升学生的能力，而不是单纯追求知识的深化。

其三，以学生生活中的经验为主题。从学生自身经验出发进行课程整合，是跨学科课程有别于分科课程的重要特点之一。学生生活是丰富多彩的，但他们的经验往往较为感性，教师可以从他们的感性经验出发，提升课程主题，引导他们反思经验，从问题入手进行探究，从而掌握新知，培养能力。如学生对天气的变化都有所体验，尤其对梅雨天气有一种烦躁的情绪，一位教师就以"云深深，雨蒙蒙"为主题，设计了一个主题单元跨学科课程。他通过"我当气象主播""梅雨霉雨""居家环境湿度大调查""酸雨的烦恼"等活动，将地理中的大气层、云的来源、雨的形成等知识，理化中的水的形态、气压、热胀冷缩、酸雨等知识，生物中的发霉、天气对生物的影响等知识，生活科技中的气象侦测、干燥剂、灾害防治等知识有机融合，使学生在探究中掌握丰富的知识。这类主题跨学科课程多是多学科课程，有利于学生对知识的综合理解。

其四，以社会中的热门话题为主题。生活中时常会出现一些热门话题，因为学生身处其中，所以很容易激起他们的学习兴趣。对这些话题进行加工，也是开发跨课程主题的重要来源。如 SARS 病是大家共同关心的热门话题，可以在中学以"抗击 SARS，从我做起"为主题，通过"SARS 知识竞赛""面对 SARS 人们的心理调查""人体抵抗 SARS 免疫力分析""病毒习性实验研究""'SARS 病毒的遭遇'戏剧表演""个人卫生与传染病"等系列学习活动，将生物、化学、语文、生活技能等多学科知识融合，让学生在分析社会现象中学会知识，提升能力。这类课程可以是科技课程，在将科学领域与人文领域知识的结合上，往往有着明显的优势。

二、向深上做实，立足校情分析，提升课程育人功能

拓展课程主要包括社团课程、选修课程等。通过强校建设，研发主题类系列拓展课程资源，既培养学生独立解决问题的能力，又培养团队协作的能力。对校情进行全面深入分析是实验校田林第二中学拓展课程体系构建的重要基础，唯有如此学校才能更精准地利用这些课程辅助完成学校的培养教育，学校课程体系也才会更加鲜活，更具实践生命力，更好地发挥整体育人功能。

（一）聚焦核心素养建构课程群，五育并举促进学生综合发展

学生的发展是课程建设的核心。随着核心素养的倡导，课程改革越来越要求考虑学生素养发展的完整性，因此，田林第二中学将五育并举的课程群构建作为深化课程改革、优化课程设计的一条有效途径。通过加强对校本课程建设的专业引导与规范管理，研制校本课程纲要，优化课程内容，探索统整课程，建设优质课程，增强校本课程的丰富性、选择性、层次性和实践性，以满足学生多样化、个性化的发展需求。

通过优化教学管理规程，科学管理、监督教学等环节，强化教研组研训功能，在课程群建设中实现教育教学常规工作的减负增效。进一步更新质量评价监测体系，探索素质教育为导向的科学评价，将德育、智育、体育、美育、劳动各方面综合纳入评价体系，全面客观地评判和考量学生发展。其一，突出德育实效，大力开展理想信念、社会主义核心价值观、中华优秀传统文化、生态文明和心理健康教育。加强品德修养教育，强化学生良好行为习惯和法治意识养成。其二，提升智育水平，着力培养认知能力，促进思维发展，激发创新意识。严格按照国家课程方案和课程标准实施教学，确保学生达到国家规定的学业质量标准，充分发挥教师主导作用，引导教师深入理解学科特点、知识结构、思想方法，科学把握学生认知规律，上好每一堂课。突出学生主体地位，注重保护学生好奇心、想象力、求知欲，激发学习兴趣，提升学习能力，加强科学教育和实验教学，广泛开展多种形式的读书活动，坚决防止学生学业负担过重。其三，强化体

育锻炼，坚持健康第一，严格执行学生体质健康合格标准，开齐开足体育课，科学安排体育课运动负荷，开展好学校特色体育项目，大力发展校园足球，让每位学生掌握一至两项运动技能，广泛开展校园普及性体育运动，定期举办体育节。健全学生视力健康综合干预体系，保障学生充足睡眠时间。其四，增强美育熏陶，严格落实音乐、美术、书法等课程，广泛开展校园艺术活动，帮助每位学生学会一至两项艺术技能，会唱主旋律歌曲，引导学生了解世界优秀艺术，增强文化理解。其五，加强劳动教育，充分发挥劳动综合育人功能，加强学生生活实践劳动技术和职业体验教育，综合调整实践探究课程结构，确保劳动教育课时不少于相关总课时的一半。坚持学生值日制度，组织学生参加校园劳动，积极开展校外劳动实践和社区志愿服务。

（二）建设劳动教育与生涯辅导校本课程群，着重强化学生职业发展素养

实验校田林第二中学紧紧围绕职业技能实践教育的目标导向，开展与社会相关专业实践对接的丰富的拓展课程，建设特色校本劳动教育与生涯辅导课程群。强化技能实践教育，有效增强学生的职业发展综合素养，为社会培养有用人才。

田林第二中学学生中随迁子女比例较高，针对学校外地生源学生较多的特点，"西位＋课堂"计划立足学生实际情况和发展意愿，适时引入职业生涯教育，体验职校课程。学校将外地生源特点转化为强校工作的突破口，借助区内外职业教育资源开设了职业体验课程，涉及通识课程及体验课程两大板块，引导规划学生生涯前景，将学生综合素质评价与生涯发展指导相结合，开展学生成长过程指导和生涯辅导，帮助学生确定个人发展目标。合理引导适合的学生毕业后进入中职，明确学习目标和方向，避免学生失去方向和动力从而放纵自己，全面提高学生自我管理、自我教育、自我发展的主动意识，有效增强学生的职业发展综合素养。学校制定了《精品职业体验课程实施方案》，让学生对未来升学道路有明确的思考；开设了丰富的拓展类课程，进一步夯实与完善七、八年级学生的课程设置内容。学校还对劳动教育进行了概念拓展和实践细化，组织日常劳动、培养劳动意识以及通过劳动收获幸福感和创新能力，促进学生全面而有个性地发展。

学校积极推动形成良好的校本课程教学质量监控和评价机制，探索以发展素质教育为导向的科学评价，强化劳动教育过程性和发展性评价。开展新一轮运用现代化信息技术服务教育教学的学习与研究，鼓励教师充分利用现代信息技术优势，大胆创新劳动教育与生涯辅导课程课堂教学模式。努力探索立足校情、符合学情的新一轮课程计划编制与实施，进一步加强思考研究，转变教学思路，建设学习型、探究型、思考型课堂，全面提升学生职业发展素养。继续强化教师育德意识和育德能力，鼓励引导教师在劳动教育课堂教学中把价值引领、知识传授和职业能力培养有机结合。

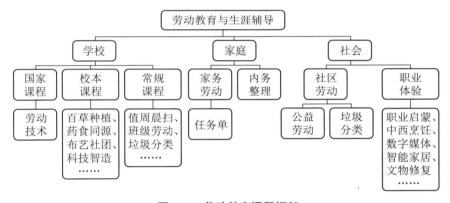

图 4-1　劳动教育课程框架

◀ 第 3 节 ▶
做优探究课程，找准校本特色育人的目标定位

实验校田林第二中学坚持以要素有机整合为主体，优化探究课程体系的链条。探究课程着眼于学生的个性发展，遵循适应性原则，根据学校的办学条件、师资力量、环境资源及社会资源等整合课程资源，形成具有学校特色的个性化校本课程，发挥学校特长，构建适合学校特色发展的探究课程体系。

一、从两校实际出发，携手耕耘系列校本探究课程

（一）健全质量管理评价体系，为提高教育质量创造条件

依托强校工程建设平台，田林第二中学持续加强探究课程建设，耕植课堂教学，优化教学管理，深化教研内涵，提升研训实效。同时以教研组、年级组、备课组的"三组"建设为依托，进一步把教研组打造成教师研训的共同体，全面提升教学质量。

以课程领导力研究项目为抓手，继续以单元教学设计实施为立足点，基于课程标准，积极探索探究课程校本化，形成课堂范式。提高校本探究课程质量，建设创新实验室，探索开发实践一批立足校本、指向素养的活动型、探索型校本探究课程，作为课程校本化建设的有效补充，体现衔接互补，在实施中凸显学生体验活动和跨学科综合活动。继续健全质量评价监测体系，探索以发展素质教育为导向的科学评价，坚持全面提高学生综合素质、学生发展质量评价，突出考查学生品德发展、学业发展、身心健康、兴趣特长和劳动实践等，强化过程性评价和发展性评价。在"双新"课改背景下，打破教师基于经验或基于教材甚至基于习题的教学的现状，加强和改进教育教学研修工作，理顺教研管理体制，引导教师立足课堂教学，加强思考研究，转变教学思路，建设学习型、思考型课堂，全面提升学生核心素养。努力探索立足校情、符合学情的课程计划的编制与实施。

基于学校的现状，田林第二中学通过优化探究课程实施改进学校教学质量势在必行。学校坚持探究课程校本化建设，持续推进课堂教学转型，完善教师研修体系。一是注重学思结合、知行统一，激发学生的学习兴趣和潜能，培养学生批判性思维、问题解决、协作创新等关键能力；二是加强教研组专题研修，发挥教研组教学孵化器的作用，以单元教学设计教研项目推进为抓手，任务驱动，促进教师教学能力和科研能力的提升。加强学校教研组建设与教师教学能力提升专题培训，进一步开展主题式探究课程课堂教学研究。

（二）推动办学价值追求的课程开发，夯实多元化探究选修课程

依托强校工程搭建的平台，田林第二中学遵循学校课程发展目标，进一步优化探究课程内容及结构，改善原来课程体系中设置不合理、结构不完整、特色

不凸显等问题，积极完善课程实施、评价和管理各环节，努力扩充探究选修课类型范围。通过综合课程的开发与实施，构建符合学校办学价值导向、满足学生自身发展需求、丰富而又可选择的多元探究选修课程，全面提升课程建设育人实效。

表4-2　科学素养与人文素养类探究选修课程概览（共开设4门）

课程目标	涉及学科	课程方向
1. 认识自然，了解科学，培养关爱自然、关爱生命、关爱科学发展的意识	生物学、地理学、环境学、文学、历史、政治等	自然环境、人文环境、科学环境
2. 激发学生对于科学、人文的研究与思考的热情，从而强化他们积极奋发向上的学习意识		
3. 培养学生的科学素养和人文素养		

表4-3　传统文化与现代文明学习领域探究选修课程概览（共开设6门）

课程目标	涉及学科	课程方向
1. 学生学习和理解中国传统文化，汲取传统文化的精髓，培养人文素养和爱国主义精神	哲学、历史、文学、社会学、信息学等	文学名著赏析、中国古代文化名人轶事、成功人士创业启示
2. 通过传统文化与现代文明对比，培养学生历史与现实对比的观念，学会比较，学会鉴别		
3. 培养辩证唯物主义和历史唯物主义的观点，并能用于分析现实世界中的问题		

二、从助力学生成长出发，协力擦亮校本育人底色

（一）探究课程设计突出学校特色，积极融入校园文化建设

"西田三元制"实践模式下的探究课程设计强调突出学校特色。结合支援校和实验校的实际情况，根据田林第二中学的办学条件、师资力量、环境资源及社会资源等整合课程资源，开发具有学校特色的个性化校本探究课程，让学生对学校的归属感愈加强烈，这也成为实验校校园文化建设的重要组成部分。

例如，学校开设学生行为习惯养成系列探究课程。第一，组织新生入学教

育，通过了解校史、学唱校歌，明确校规班约，遵守校园规范；政教处定期反馈学生行规，重点抓好六年级新生的养成教育。第二，加强校风督查队、值周班和早操学生检查队伍的管理及学生干部培训，注重学生自我教育，强化学生自主能力的培养，增强学生自主管理的能力。第三，视导年级组工作，通过"听、查、看、谈、结"环节，找到各年级学生行为规范存在的突出问题，提出教育对策和解决办法，为学生行为规范的养成、巩固助力。第四，关注重点学生，对不能持续遵守行为规范的学生，在点上着力，形成有序的班级、年级、政教处与家长携手育人的工作机制。从常规与细节着手，分析学生近况，探讨教育对策，合力做好学生的个别化教育。第五，联系社区和家庭，整合德育资源。加强对家庭教育的指导，通过家长学校、家长会等途径，使家长认同学校教育，进一步优化学生的成长环境，共同关心、关注学校外省市来沪人员和外来务工人员随迁子女的学习生活。

（二）校本探究课程着眼学生全面发展，扎实推进学生品行培养

围绕德育校本课程群建设，田林第二中学德育以养成教育为基础，以德育活动为载体，以促进学生品行为核心，培养"勇于负责、善于合作、乐于探究、勤于锻炼、精于技艺、全面发展"的社会主义事业的建设者和接班人。学校将德育教育与主题教育、社团活动、节庆活动相整合，积极利用学区和西南位育中学的资源，形成学校德育校本课程群，包括主题课程、仪式课程、社团课程、社会实践课程等。以仪式课程为例，它分为三类：常规仪式课程（开学典礼、升旗仪式、结业式等），成长仪式课程（新生入学、换巾仪式、14岁生日、入团仪式、毕业典礼等），节庆仪式课程（春节、元宵节、清明节、重阳节、国庆节、科艺节、体育节、足球月等）。

通过仪式教育让田林第二中学的学子有意识地感受和珍惜生活中的特殊时刻，发现、体悟、欣赏、创造生活中的美，在学生身上留下学校德育文化的印记，帮助学生形成秩序感、归属感和责任感，同时让师生、家长真正关注学生生命成长的过程，体味到生命存在的丰富性。

自学校校本课程群的开发和实施推进以来，教师们形成了更多整体性的思维方式，学会了以培养人为出发点去思考问题，学会了将各种教育活动、教育方

式、教育手段有机整合，既让它们充分发挥各自的功能，又让它们相互渗透、相互整合、相互促进，从而形成教育的合力，共同为培养人服务。

推动课程教学更贴近学生实际。课程和教学作为学校内涵发展的基石，是强校工程的重要着力点。实验校田林第二中学着力完善课程与教学体系，将重心转移到以学习者为中心的课程与教学上来，不断寻求教学质量的提升，推进了基于课程标准的单元教学、中小学衔接与学案教学等一系列有益探索。

三、从一切围绕学习者发展出发，合作探索创建更多特色课程

（一）开展校本教师研修课程研究，深入促进课程教学内涵建设

在校本教师研修课程建设过程中，首先，在具体教学方面，田林第二中学坚持以核心素养提升为统领，对学校教学工作进行顶层设计。在教育教学工作中，实验校坚持正确的学业水平质量观，坚持把学生发展核心素养提升作为研究的目标，以"绿色指标"评价作为全面了解教育教学状况的手段，作为发现和诊断教学问题的方法，作为改进教学行为的依据，结合"双新"和校本研修各项重点工作的推进与落实，建立监测—分析—改进的工作程序，全面推动学校的教育教学研究与改革工作。其次，在教师队伍优化建设进程方面，实验校坚持不断更新提升教师教学理念和课程领导能力。根据学校师资队伍中青年教师居多、骨干把关教师欠缺的实际情况，除了加快梯队建设，大力培养青年骨干教师外，学校还大力挖掘并发挥校内已有的优质师资力量，研究快速提升青年教师的教学方法和教学经验的有效途径，开展专题校本培训和专项研究，提升教师研究能力和教学设计能力，从而整体提高教师课程领导力，从更新教育教学理念、改进教学方式两个方面继续探索实践，提升学科教学质量，增强学校的整体实力。

（二）全力提升探究课程品质，切实推动学生个性化发展

坚持有序计划和分段实施。2019年10月，田林第二中学顺利完成"指向学生发展核心素养的综合课程群的开发"及"导向学科素养的单元教学设计与实施"两个项目的开题论证工作。在这两大项目的推进过程中，根据项目方案，将两个项目的研究落实点列入每学期的学校工作计划与教学德育工作计划，再下沉到教研组、备课组工作计划，教科研工作计划，团队工作计划。结合每学期、每

学年学校工作计划中的重点工作，设计和规划好每个阶段的重点工作。学校常规工作与重点工作的推进，无一不与项目研究挂钩。在这样的工作方法与研究理念相互渗透之下，几年来，学校的教育教学改革有序推进，两大项目研究也在扎实开展。三年中，学校在区级层面三次开展强校展示活动，一批优秀的教师在探究课程课堂教学改革中崭露头角，积累了很多经验，也形成了一批成熟的案例。

坚持条线协同和共促发展。随着教育改革大趋势，田林第二中学校园内部的研究团队条线也逐步明确：由政教处、德育中心组、班主任和全体导师构成德育课程研究团队，由教导处、教科研室、教研组、备课组、全体教师，尤其是35岁以下青年教师构成课堂教学研究团队。两大研究团队条线协同，交流互融，共同促进了项目的落实和学校各条线的发展：项目化课程的建设推进，学生社团活动的设计与开展，德育活动与课程的规划、设计与落实，教师研修课程的设计与实践，校级教科研项目的申报与实施，学校教学大奖赛的设计与开展，学生学习节、科技节、艺术节、体育节的开展……三年来，在这些学校工作的逐步落实与推进中，两线研究团队始终如一地将深入开展研究与学校重点推进的工作项目合二为一，以研究推动教改，以研究指导实践。项目一的综合课程群体系聚沙成塔，项目二的单元教学设计实施也有条不紊。

在项目实施过程中，学校通过不断探索跨学科课程提质增效创新路径，努力推动探究课程质量升级，对标学生发展核心素养，遵循学校育人价值导向，适应学生个性健康发展，积极开拓多元、多维的特色课程体系，如弘扬优秀传统文化的"药食同源"校本课程等。目前，跨学科课程项目试点开发已完成，将在后期组织实施、经验研讨、优化调整的基础上，以点带面，总结提炼，形成工作机制，鼓励带动更多教师投入二期跨学科课程项目开发，以此促进教师自觉形成学生核心素养培育的课程目标意识和指向学生深度学习的教学设计能力，提升教师的专业素养和能力，助力探究课程建设高质量发展。

附录 "1+1"

强校重在强师

基于跨校师徒带教的课堂教学的实践探索

——以《直角三角形全等的判定》为例

田林第二中学　祝燕雯　（数学教师）

师徒带教是促进教师专业发展的重要环节，通过"传、帮、带"等方式实现教学经验的传授，有助于新教师快速掌握更多教育方面的专业技能，提高自己的教学水平。

任教第三年，我有幸承担区级公开课这一项目，并且由西南位育中学的徐迪斐老师作为带教老师，指导我上这节课。从课程的筹备到结束，徐老师教会了我很多教学技能和知识，也让我对教师这份职业更加敬重。

一、书写教学详案的重要性

书写教案是教师的必备技能，特别是对新教师来说更是重中之重。但在书写教案的时候，很多教师只思考环节的重要内容，忽略了其他部分。书写教学详案，把每一个设问，包括学生活动的预设考虑进去，有助于自己捋清楚本节课的上课逻辑，减少课堂中的突发情况。这些是徐老师在第一次指导时教会我的，也让我在之后磨课的过程中遇到学生的各种回答没有手忙脚乱。

每一个设问要尽可能得精简又能表述准确。很多时候学生的回答不在教师的预设之内只是因为问题没有表述清楚，所以教案是要在磨课的过程中反复修改和推敲的。

二、挖掘知识背后渗透的思想

在我没有研究《直角三角形全等的判定》这一课时，我以为学生所要掌握的是去应用这条判定。但是在和徐老师探讨以后，我懂得了学生不仅仅要知道表面的知识，更需要理解知识背后所渗透的思想。新课标也明确指出，要注重培养学生的综合素养。

在证明直角三角形判定的过程中，徐老师帮我耐心分析，当已知的条件无法直接使用时，可以通过图形的运动将条件有效地转化。这是学生在本节课中最需要了解的图形运动的思想。

三、在课堂上要有求新意识

按照《直角三角形全等的判定》这一节课普遍的上课方式，第一部分是复习全等三角形的判定，渗透分级分类考虑的思想；第二部分是通过作图猜测直角三角形的判定定理；第三部分是证明；第四部分是应用；第五部分是小结。而徐老师针对本节课的中心思想图形运动，在第二部分作图猜测中提出了想法，打破了常规的作图。在这一环节，分A、B学习单，上面给出的图形位置不同，但最终在相同的条件下作出的三角形是唯一的，由唯一性猜测直角三角形中全等的判定。同时利用几何画板，通过图形的运动，把不同位置、条件相同的两个三角形重叠，得到猜想。这一过程看似跟之前的作图环节没太大的区别，实则是渗透图形运动的，为后续的证明起到了铺垫的作用，让每个环节都环环相扣，层层递进。

在课堂上适当的求新可以让自己的教学方法有更多的选择，也能让课堂更为鲜活，提高学生的学习兴趣。

徐老师作为我的带教老师，在我开课的过程中，每一次磨课都参与其中，并给出改进意见，让我受益匪浅。本次的开课对我来说最有价值的，不仅是过程中获得的经验，还有对于数学这门学科有了更浓厚的研究兴趣。每一次与徐老师的研讨，都会让我对数学有新的认识，从而更有动力去探索每一个知识点背后所蕴含的本质，思考新知识是否能和旧知识构建联系。

这次跨校师徒带教促进了我的教学，让我有了一次高效的成长，再次感谢徐老师对我的悉心指导。

教学案例 --

基于教、学、评一体化的初中英语教研共同体实践研究

田林第二中学　金宏宇　（英语教师）

一、初中英语教学评概念界定、发展与现状

（一）英语教、学、评一体化概念界定

"教、学、评一体化"是指一种将教学过程与教学成果相结合的教学理念，通过强化教学一致性来提高教学质量。其中，"教"是教师把握英语学科核心素养的培养方向，通过有效组织和实施课内外教与学的活动，达成学科育人的目标；"学"是学生在教师的指导下，通过主动参与各种语言实践活动，将学科知识和技能转化为自身的学科核心素养；"评"是教师依据教学目标确定评价内容和评价标准，组织和引导学生完成多种评价活动，以此监控学生的学习过程，检测教与学的效果，实现以评促学，以评促教。

（二）英语教、学、评一体化发展史

在 20 世纪 80 年代，美国就曾掀起一场"基于标准"的教育改革运动，从此"标准"成为基础教育主流思想。90 年代中后期，英国教育界提出"为了学习的评价"的教育理念，"评价"一词开始出现在教育界。随后世界各国开始开展"为了学习的评价"相关研究。

安德森等（2009）认为，教学是一项有目的的理性行为，教学的理性涉及教师为学生选择"什么"目标，教学的目的性则关系到教师"如何"帮助学生达到目标。学习环境、教学活动应该与选择的目标一致，不同类型的目标要求不同的测评方式。可见，教学、学习、测评之间需要保持一致性，即彼此之间要尽量达到高度相符的程度。

基于建构主义理论，有研究者主张：在教学方面，必须重视教学目标的多维度性和多层次性；在学习方面，务必认同错误是进行有意义学习所必要的；在评价方面，特别强调评价标准的多元化。（丁家永，2000；陈旭、王淑敏，2003）

据此，有学者提出，构建教、学、评三位一体的评价观是一种促进学生发展的学业成就评价理念。（张咏梅，2007）在教与学的过程中渗透评价的过程，强

调评价本身对教与学的补充与促进功能，内化评价结果的本身就是学习的过程。

《义务教育英语课程标准（2022年版）》指出，"秉持在体验中学习、在实践中运用、在迁移中创新的学习理念，倡导学生围绕真实情境和真实问题，激活已知，参与到指向主题意义探究的学习理解、应用实践和迁移创新等一系列相互关联、循环递进的语言学习和运用活动中"。同时，新课标强调"注重'教—学—评'一体化设计"，要"坚持以评促学、以评促教，将评价贯穿英语课程教与学的全过程"。自此，推动"教—学—评"一体化成为深化课程改革、切实提高教育教学质量、促进教师专业化发展必不可少的一部分。

（三）初中英语教、学、评一体化现状

在初中英语教学中，由于英语知识点设计种类繁多，难度较大，教学往往陷入填鸭式机械模式。学生在这样的教学模式中只能掌握应试技巧而不能系统理解语言的构成和语法的规则，长此以往，学习也陷入疲态。同时，在目前我国的初中英语教学中，普遍存在着教学和成果之间不具备关联性的问题，教学评价孤立于"教师的教"和"学生的学"之外，三者达不到互相制约的效果。从教学评价中看不到学生学习了哪些知识，掌握了哪些技能，哪些方面得到了提升；教师得到的教学反馈也不能起到帮助完善教学模式、教学内容和教学方法的作用，反而用评价的成绩和分数给学生形成了一种刻板的印象，这对于促进学生的个性化发展十分不利。

二、初中英语教、学、评一体化教学设计案例分析

（一）文本分析

表4-4 "Captain King's life and work"教学设计文本分析

主题语境	人与自然——宇宙探索
课程类型	听说课
内容简介	本课主题为"Captain King's life and work"，讲述了Captain King的工作和生活，有利于学生迅速沉浸在听力环境中，知晓其日常生活、工作状态、过往的经历和对未来的计划。
教学重点	让学生根据时间标志词和动词知晓Captain King过去、现在和未来的生活与工作。
教学难点	让学生用正确的时态描述日常生活与工作。

文本分析对应的评价要点：教师对文本教学内容和重难点的把握是否全面合理。本文由主人公 Captain King 的生活工作内容展开，在让学生了解宇航员日常之余，重点在于让学生学习这种描述方式，并在日常生活中加以运用。

（二）教学目标

当学生学完这节课后，能够捕捉听力中的相关事实信息，知晓 Captain King 的生活工作内容；能够知晓 telescope、Venus、Mars 等太空话题下的相关词汇；能够通过听力中动词的变化辨别语句的不同时态；能够学习 Captain King 的优秀品质。通过运用恰当的时态表述他人的生活与工作，让学生掌握英语口语的表达技巧。

教学目标对应的评价要点：教学目标是否关注了学科核心素养的融合发展及是否可操作、可检测。该设计中教学目标的设立并没有将语言能力、文化意识、思维品质、文化发展割裂，而是围绕主题进行探究。从初步获取信息、信息梳理、深度理解信息，最后达到运用信息，这些课堂活动的实施主体都是学生。此外，在这个课例中，教学目标的检测是可操作的，且目标之间有内在逻辑关联。

（三）学情分析

本课时的授课对象是田林第二中学八（1）班的学生。经过初中阶段两年多的英语听说训练，该班级大部分学生打下了较为扎实的英语听说基础，对于简短的听力文本能够在给定的框架下听录音完成句子；大部分同学能够在得到关键信息后进行简单地信息加工，并使用所得信息完成后续相关学习任务。程度较好的同学可以在听力环节结束后根据笔记进行文本复述。记叙类的听力题材和贴近生活、与课文内容的相关话题是同学们较为熟悉、感兴趣且完成质量较好的。在口语表达方面，该班学生有比较强烈的表达欲望。但该班生源结构以外地学生为主，含一位特殊学生，因而部分学生语音语调存在带口音的问题。经过六、七年级创设情境鼓励学生表达的语言积累和 8A Unit 1、Unit 2 Speaking 部分语调的练习，同学们的口语流畅程度有所改善。本课时口语部分所要求的应用不同的时态对某人的生活和工作进行描述，同学们也在前半学期有过学习基础：Unit 2 中一般现在时的特征结构，Unit 3 中一般过去时的特征结构，Unit 6 中一般将来时的特征结构。

学情分析对应的评价要点：学生要完成这些教学内容，对其知识水平、能力表现、已有经验、优势与困难进行分析。同时注重要将过程性评价与结果性评价相结合。

（四）教、学、评一体化设计与实施

1. 教学步骤设计

表 4-5 "Captain King's life and work" 教学步骤

Steps	Teacher's guide	Purposes of designs
Warm-up	Show students an English song	To get involved in the lesson
	Ask students to review some information about Captain King	To recall the reading and lead in the topic
Pre-task preparation	List some activities Captain King may do and ask students to choose the possible ones	To test the understanding of Captain King's life and work and lead in new words
	Ask students to match the 3 examples with time references	To understand time references according to different forms of verbs
While-task procedures	Ask students to listen for the things Captain King often does	To develop the listening skill for specific information and know Captain King's daily life and work
	Let students listen and answer the question	To develop the listening skill for key information and know Captain King's past life and work
	Ask students to listen and finish the table	To develop the listening skill for key information and know Captain King's plan
	Let students plan in pairs about Captain King's adventure	To plan Captain King's adventure
	Let students listen and retell Gork's life and work	To talk about Gork's life and work
Post-task activity	Group work: interview Gorkella about her life and work	To imagine Gorkella's life and work and talk about it in real life situation

2. 学生学案设计

8AU7 Captain King's life and work
Work sheet

verb:

↓

(1)

(1)

Task 1: Listen and complete the sentences

1. We **often** ＿＿ some ＿＿ from the Moon after dinner.
It's very tasty.

➡ (1)

2. I ＿＿ ＿＿ ＿＿ /telɪskəʊp/**every day**.
It's very important to watch the stars.
We don't want to crash.

Task 2: Listen and answer the question

(2)

1. He ＿＿＿＿ Venus **when he was** a young man.
2. He ＿＿＿＿＿ two years **ago**.
3. He ＿＿＿＿＿＿＿.
4. ＿＿＿＿＿＿＿＿.(/kɒmɪt/)

➡ (2)

*life
and
work*

Task 3: Listen and finish the table

	plan 1	plan 2
time:		
place:		

Task 4: Pair work: Plan Captain King's adventure

(3)

S1: **Where** is Captain King's going?
S2: He is going to...

➡ (3)

S1: **How** is he going to get there?
S2: He is going...
S1: **When** is he going go get there?
S2: He is...
S1: **Who** is going to travel with him?
S2: ...
S1: **What** is he going to do there?
S2: ...
... (for reference only)

Task 5: Listen and retell

Notes:

图 4-2 "Captain King's life and work" 学生学案

3. 自评表设计

表 4-6 "Captain King's life and work" 自评表

		YES	NO
Did they mention 3 parts of Gorkella's life and work?	☆		
Did they make any mistakes?	☆		
Was their presentation natural and creative?	☆		
Were there any highlights(亮点) ?	☆		
Total score:		( ) stars	

4. 教、学、评一体化实施

教师教学方面，每一个教学步骤都围绕课时教学目标展开，以学生为主体，让学生主动探究，并将语言与思维品质、核心素养相融合；学生学习方面，学案的设计贴合教学设计与教学目标，学习活动难度层层递进，符合学生学习发展规律，从语言知识技能慢慢上升到能力素养；评价方面，采用教师评价与学生自评并重，过程性评价与结果性评价相结合的模式。在前三个学习任务中，以教师的结果性评价为主。第四个口语任务采取学生口头评价方式，让学生对整个口语表达过程互评，希望他们对同学的学习表现及时提供客观反馈与帮助。最后一个评价为听后口头复述，完成任务后同学们先利用老师提供的自评表对所提及的要点打星评价，然后再进行学生互评和老师点评。自评表的运用是希望发挥学生的主观能动性，引导学生成为评价活动的参与者和合作者，自觉运用评价结果改进学习。而老师在这些评价活动中也能反思教学和作业设计的效果，教学相长，逐步建立主体多元、方式多样、素养导向的英语课程评价体系，提升教学质量与效率。

5. 共同教研感悟与体会

本次与西南位育中学、田林第二中学的老师们以及徐汇区英语教研员朱老师一起以具体课例探究基于教、学、评一体化的初中英语教学，我的收获颇丰。在他们的协助下，在新课标的引领下，我不断优化教学设计：由起初的教、学、评三者各自独立慢慢修改为三者有机融合，由以教师为主体的教学活动优化为以学生为主体的符合英语学习活动观的教学活动，由重视学生语言技能转化为重视学生核心素养的培养。同时，我感受到了教、学、评一体化对提高教师教学质量、学生学习效率和学习体验都有着重要的意义，也是教师教学水平的重要体现。教师应当在每一节课中合理利用教、学、评一体化。同时，此类教研模式也让思维在碰撞中产生了不少火花，产生了很多新鲜有效的方法，在日后的教学中我也会积极主动与组内外各位英语老师、专家们探讨更高效的教学方式。

教师感悟 --

教师： 秦伟丽

入职时间： 2018 年

交流轮岗时间： 2021 年 9 月至 2022 年 7 月

流出校： 西南位育中学（八年级数学）

流入校： 田林第二中学（九年级数学）

时光如梭，一年的交流工作很快就结束了，很感谢田林第二中学的各位领导和同事在工作上给我的帮助和鼓励，让我收获满满。教学上，张老师是非常有经验的高级教师，给了我很多的建议和方法。她带领我们数学组老师一起参加区里各项教研活动，并且一起分享心得体会，把学习到的经验体会落实到教学上；在一模二模考前的各项专题复习中，针对如何规划、如何教学等给了我很多建议和指导，我所教班级一模二模的数学取得了比 C 类公办学校均分高了 10 分左右的不错成绩。

在班主任工作上，我搭班的两位班主任在德育工作方面都非常优秀。对于在不同的学情和家庭背景下如何开展德育活动，他们给了我很多的启发。在我刚到学校对学情不熟悉的情况下，年级组的老师给了我很多帮助和鼓励，让我觉得特别温暖和幸福。

这一年的交流工作，虽然学期不同，环境陌生，同时是"双减"开展的第一年，还遇到了三个月的疫情，但在校领导无微不至的关怀，组内老师的倾囊相授，年级组小伙伴的温情陪伴和鼓励支持下，我不仅收获了教学工作上的经验，还感受到了很多温暖。

交流评价 --

秦伟丽老师是一位教学经验丰富且非常热心的老师。西南位育中学和田林第二中学两所学校的教学环境、学生的学习习惯和学习程度大相径庭，但是秦老师能在短短的几周内熟悉我们的学生，并找到适合我们学生的教学方法。

秦老师也是一位虚心好学的青年教师，在九年级数学备课组担任备课组长一职。她积极听取同备课组老师的意见和建议，调整教学策略，在备课组的合力下，学生的一模数学成绩有了明显提高。

在田林第二中学的一年，秦老师深受学生喜爱，她不计报酬，利用中午休息时间和课间提优补差。疫情期间，由于课时安排较紧凑，秦老师只能把年幼的孩子托给他人照看，自己则一门心思地扑在教育教学上。非常感谢秦老师一年来的付出，为我们田林第二中学带来了新的方法和理念以及青年教师奋发向上的精神。

教师感悟 --

教师： 钟雨岑

入职时间： 2020 年

交流轮岗时间： 2021 年 9 月至 2022 年 7 月

流出校： 西南位育中学（六年级英语）

流入校： 田林第二中学（九年级英语）

在田林第二中学的一年让我学习到不少知识和经验。作为初三老师，不仅要在教授知识上把握好量和度，以帮助学生在有限的学习时间里达到最好的效果，还要时刻关注班级事务及学生心理健康和家校沟通。

田林第二中学的班主任们对于家校沟通有着非常丰富的经验和技巧，既能够考虑到学生的实际情况，又能及时解决问题，使得家庭与学校之间紧密联系。作为年轻教师，我从前辈身上看到了对教育的热爱和处世的智慧，未来我也将不断思考，积极面对。

初三的系统性、总结性的知识非常多，老师的工作量大、思维量足，因此，承担毕业年级的任课老师工作既是一个巨大的挑战，又是磨砺意志的机会，更是完备教学能力技巧的平台。

经此一年，我与田林第二中学老师结下深厚友谊，与田林第二中学学生融洽相处；我对自己交流轮岗的工作非常满意，感恩两所学校所有人的付出和支持。

交流评价 --

钟雨岑老师是一位开朗大方的青年教师，来田林第二中学之前虽然只有一年的教学经验，但是她的沉稳给我们初三年级组的老师们留下了深刻印象。她虚心求教同备课组的老师，积极寻找适合我们学生的教学方法。她用年轻人的朝气和活力迅速融入学生中，受到了同学们的喜爱，这也非常有利于她之后教育教学工作的开展。

在田林第二中学的一年，钟老师表现出了青年教师善思进取的一面。在我们英语教研组活动中，她与我们学校的老师分享了西南位育中学分层教学的优秀经验；参与了我们学校组织的全区教学展示活动，她的一节写作课赢得了全区老师的一致好评。线上教学期间，钟老师也总是想尽办法用各种有趣的 App 吸引同学们参与课堂。非常感谢钟老师一年来的付出，为我们田林第二中学带来了更多的活力。

强校重在强事

▶ **教研工作活动**

【活动主题】用好单元文本资源　上好单元写作课——田林第二中学英语教研组课堂教学展示活动暨强校工程深化巩固研修展示活动

【活动地点】上海市田林第二中学（柳州路 400 号）

【活动时间】2021 年 11 月 24 日（周三）13:30—15:30

【参与方式】线上直播形式

【参与人员】徐汇区初中英语教师

▶ **活动议程**

表 4-7　教研工作活动议程

议　程	时　间	主讲 / 执教	地　点
致辞	13:30—13:35	金校长	腾讯会议
微讲座	13:35—14:00	邵老师（田林第二中学） 王老师（西南位育中学）	
活动点评	14:00—14:15	教研员：潘老师	

续表

议　程	时　间	主讲 / 执教	地　点
课堂教学	14:30—15:10	六年级 1 班：赵老师 6AM2 Unit 7 Rules round us Writing: Class rules	二号楼 4 楼 六（1）班教室
		七年级 6 班：沈老师 7AM3 Unit 8 Growing healthy, growing strong Writing: A report on habits	西南位育中学 七（6）班教室
		八年级 3 班：邹老师 8AM3 Unit 6 Nobody Wins (I) Writing: Holiday on Holiday Island	二号楼 3 楼 创新实验室
		九年级 4 班：钟老师 9AM2 Unit 5 The human brain Writing: Memory Corner	二号楼 3 楼 微格教室
特邀专家 点评	15:10—15:30	六年级：周老师 七年级：谭老师 八年级：夏老师 九年级：姜老师	徐汇教育网

▶ **活动致辞**

　　首先要代表田林第二中学、代表王卫珍校长感谢各位老师来到田林第二中学，参加本次"强校工程"中期巩固阶段英语组主题研修展示活动，也非常感谢教研员潘老师、朱老师以及中心组的老师们，还有南洋模范初级中学、梅园中学的老师们在繁忙的工作之余为此次的研修与青年教师的课堂展示给予指导与帮助。

　　本次研讨，延续了 2019 年西田强校工程交叉型同课异构研讨活动、2020 年推进国家课程高效实施的活动，基于标准的单元设计、基于学情的差异化教学的尝试，在探索研讨的基础上，结合校情、学情，我们选择立足单元，整合单元学习内容，以单元整体教学为主导思想，以"围绕单元学习内容的写作教学设计与实施"作为校本研修主题。

　　以学校强校工程研修展示活动为契机，依托联合校，开展围绕单元学习内容的教研组研训与课堂实践；发挥教研组内骨干教师的作用，通过主题研修与课例研究等方式，引领组内青年教师立足学情、挖掘单元文本素材，探索适合本校学生的过程性写作教学策略；为青年教师搭建平台，全面提升青年教师的课堂教学与研修能力。

在中高考改革背景下，课程与教学面临转型，新中考对学生能力方面的要求更高，也为我们课堂质量的提高提出了更高的要求，因此，这次研讨特别有现实意义，回应了徐汇教育新一轮发展对于我们课堂教学与教研的要求。我们相信，通过不断地基于理念的行动、基于行动的思考、基于思考的改进，大家会从被动应对走向自觉选择，从一味投入走向深度思考，从简单重复走向系统重构，从直觉感悟走向理性审视，从抽象构想走向创新实践。

收获可喜成果：携手迈向
"和而不同"的强校共同体

第五章

　　回顾强校工程的实践探索之路，开展强校工程不只是加快实验校优质化进程的"授其以鱼"。通过示范带动作用，在实验校中同样能培育出优秀的团队，形成先进的管理理念和模式，建设好培育学生的特色路径，如此才能打造出具有实验校特色的学校自我发展、自我提升的路径，这是两所学校教师共同的感受。在具体实施中，强校工程不是单向度的输出，而是两校基于共同发展目标的合作共赢。实验校在借鉴支援校优质办学经验基础上实现了自身教学育人质量提升，支援校在协作过程中实现了对自身办学的检视和反思。

——金琪

　　"国将兴，必贵师而重傅。"我们深刻感悟到强校工程直指实验校的发展短板，充分发挥支援校的特色优势，走出了一条精准帮扶、和谐共鸣的教育内涵发展与品质提升之路，通过具体路径的创新让优质经验得到提炼和共享，实现了实验校办学品质的高效度提升。

——王卫珍

习近平总书记在党的二十大报告中强调，加快义务教育优质均衡发展和城乡一体化，优化区域教育资源配置。以"西田三元制"实践模式推进强校工程的策略研究，就是致力于推动义务教育优质均衡发展的现实举措。"西田三元制"实践模式是基于"强校工程"计划开展的学校协同发展的模式设计和实践架构，支援校与实验校之间基于队伍、制度、课程三方面实现共建互促发展。基于目前的实践研究，从总结反思层面来看，"西田三元制"实践模式要进一步发挥支援校和实验校的特色优势、主动作为，边实践边探索，边探索边总结。就目前而言，"西田三元制"实践模式可总结推广的经验主要包括：一是推进强校工程建设需要政府层面指引方向，提供全方位的政策与制度支持，在强校工程政策实施过程中逐级细化执行策略，确保政策制度的落细落实；二是推进强校工作需要支援校主动共享协作，依托政策优势，更进一步发挥资源聚集优势，输出模式，推介经验，实现队伍、制度、课程三方面的互动发展；三是推进强校工作需要努力挖掘实验校办学内在动力，抓住师资队伍和课程改革两个牛鼻子，拓宽强校工程更高效开展的路径，推动义务教育优质均衡发展。

◀ **第1节** ▶

基本实现了支援校与实验校共建共赢：
回应了政策关切，落实了工作部署

2018年上海市启动百所公办初中强校工程，徐汇区六所学校入选实验校。西南位育中学作为支援校全力支持实验校田林第二中学的发展，两校围绕徐汇教育

"高标准、高质量"战略，秉持"立足校情，精准施策，提高底线，突显特色"，在强校工程开展中积极回应党和国家的方针政策关切，认真落实各项工作部署，在深度融合中不断实现互利共赢。

一、回应政策关切，关键性工作纵深推进

西田强校工程以区教科研重点项目作为引领，将强校工程实践与学术研究指导相结合，聚焦"一体双翼"——队伍、制度、课程三项关键性工作向纵深推进，以实现两校共同发展，也为区内其他强校工程学校提供了参考。

（一）在落实紧密型教学联动上，有有效的尝试

积极推进强校工程学校间紧密型教学联动。实验校田林第二中学以提升教育教学质量为核心，而提升教育教学质量的关键在于提升师资队伍整体实力。西田强校工程聚焦形成以队伍为核心的科学机制，以教研组、备课组、视导组为载体，以语文、数学、英语学科为重点，促进学校内生动力生成，充分利用市、区强校工程专家团队指导，基于师情、学情、校情，着力建构对标学科核心素养的单元教学设计研修共同体，多维探索"西田三元制"之紧密型教师队伍建设的开展范式和课程教学实践模式，推动"西田"教师的师能强化提升，真正实现两校教师的共同优质发展。

在紧密型教学联动探索实践中，通过两校共同教研、协同科研等方式，多层面综合提升田林第二中学教师的教学能力和研究能力。2019年11月，基于田林第二中学、西南位育中学两校的"共同体视域下'西田三元制'建设"教科研重点课题，田林第二中学举办了面向全区的交叉型同课异构研讨活动（专栏1），市区专家团队、兄弟学校领导和教师们都给予了高度评价。目前，各学科教师在教研员的指导下均已完成了教学手册的研制工作。徐汇区教育局相关负责人曾表示，交叉型同课异构研讨活动是田林第二中学强校工程创建阶段性成果的一次成功展示，是两校紧密型教学联动的有效尝试，是对本市中考改革重要使命的积极回应，也是对入学招生制度改革时代要求的热烈响应。

专栏 1：交叉型同课异构研讨活动

交叉型同课异构研讨，是变革课程与教学的有效方式。通过同课异构，双方教师能够体验不同教学对象带来的教学新要求，能够激发他们对课程的新思考、新探索。这区别于以往单单依靠自身教学经验来改进教学实践，对于教师专业能力和自信都具有非常强的现实意义。

两所学校依靠机制联动，可以实现物理学意义上的联结，可以实现化学意义上的反应，我们更希望实现生物学意义上的创生。所以我们希望，通过联合教研机制，让两所学校的师生先物理联结起来，再化学反应起来，最后创生出基于强校工程的"优质均衡教育"新思维方式、新行为模式乃至新的教育生态。

（二）在推进办学体制改革上，有点穴式探索

强校工程是贯彻落实习近平新时代中国特色社会主义思想，打造公平而有质量教育的有效手段；是回应人民群众对美好教育需求的重要举措；也是区域层面推动教育品质提升的创造性设计。学校办学体制改革发展是一项系统工程，而强校工程的实施就是一项系统的办学发展工程，围绕市、区的整体顶层设计，精准剖析实验校田林第二中学发展的优势和不足，科学设计强校工程整体规划，建构多维度、立体式的帮扶支持体系，实现了实验校和支援校在师资、管理、课程、教学、育人等多领域的共同进步，展现了强校工程的强大生命力与现实影响力。在区教育局的统筹领导、区教育学院的专业支持、强校工程专家组的指导下，围绕"立足教学，深度融合，建构模式，共同发展"的十六字方针，做好西田强校工程的相关办学体制创优探索工作。立足教学，就是通过师资共享、课程共建、同课异构等方式，着力提升实验校的教育教学水平；深度融合，就是要共享双方学校在管理、文化、课程、师资、育人等领域的优质发展基因，加深互信互助，实现实验学校办学各领域的整体提升；建构模式，就是要立足更高层次的要求，通过不断反思提升，探索依托强校工程实现抱团式发展的特色经验；共同发展，就是要通过强校工程的实施促进合作学校在原有水平上的再提升。

聚焦强校工程实验校的个性探究，寻求为上海市初中强校工程的长效办学机制提供"共识性、普适性经验"，为全市强校工程推动提供现实案例，以小见大，进一步发挥本项目研究价值，为学区化、集团化、托管学校模式提供新的借鉴与参考。

（三）在指向中考制度改革上，有探究式回应

结合中招中考的政策要求，西田强校工程把握住当前中招改革的契机，通过语、数、英三学科的教学实践与教学研究，积极落实本市高中阶段学校考试招生制度的改革要求。支援校西南位育中学与实验校田林第二中学分别以项目为引领，主动开展创新性的教学探索和研究，借助课程培养学生的核心素养，提高综合素养，从而强化强校工程树立的正确教育质量观和人才培养观，在规范中求创新，在创新中求突破。西南位育中学主动应对民办学校招生制度改革和购买学位政策调整后生源的变化，合理建立招生入学倾斜机制。在坚持创新与规范相结合的基础上，支援校和实验校立足自身实际，共同落实高中阶段学校考试招生制度改革要求，在小升初和初升高的招生工作中，在政策允许的范围内，给予实验校一定的政策倾斜，从生源角度促进义务教育优质均衡发展。

（四）在贯彻本市基础教育综改部署上，有答题式努力

徐汇教育有长桥工程、校际联动、建峰填谷等多年提升初中办学质量的实践经验。多年的实践证明，多管齐下才能让薄弱校强起来。落实党的十九大精神和市委、市政府关于本市基础教育综合改革的部署，徐汇区强校工程坚持"办好每一所初中、成就每一名教师、教好每一位学生"的理念，按照"精准施策、注重内涵、提升质量"的思路，将强校工程与"名校长名师培养工程"相结合，与紧密型学区化集团化办学相结合，与落实推进高中阶段学校考试招生制度改革要求相结合。通过制度创新、政策支持和项目化实施，激发公办初中办学的内生动力，提高办学质量，从而带动公办初中全面提升办学水平，营造健康的义务教育新生态。自强校工程实施以来，相关参与学校在实施中"立足校情，精准施策，提高底线，凸显特色"的方向不变，"真思考、真谋划、真推进、真均衡"的目标不改，持续探索强校路径，不断落实强校策略。

二、落实强校工程具体部署，基础性建设重点突破

（一）"要"在精准施政，找准政府支持的着力点

1. 全方位抓实条件保障，均衡优化教育资源配置

其一，完善专项教育经费保障制度，维护专项经费投入，确保资金利用有的放矢。市级政府层面建立"强校工程"专项经费；区级政府层面加强财力统筹，保证"强校工程"建设经费投入，并向实验校倾斜，确保经费投入高于区域内同类型、同规模的学校。根据实验校需求，资金优先保证，确保经费投入超过区域内同规模公办学校的平均水平。硬件方面，对实验校给予足够重视和支持，包括在设施改造和设备添置的各类硬件升级时，优先考虑各所实验校，重点做好这些学校听说测试教室、理化标准化实验考场的快速布点工作，同时在实验校校舍改造、创新实验室建设和设施设备更新方面给予经费支持。软件建设方面，重点支持实验校内涵建设，确保其课程教学改革、师资队伍培养、特色建设及相关科研项目配套等经费需求，从而让实验校的硬件、软件都强起来。

其二，在教育资源均衡优化配置中，政府既要坚持均衡要素投入，又要重视均衡教育过程。一方面，坚持教学环境营造、教育资源供给为指向的资金、设施、场所等客观物的要素配备均衡，坚持同等资质的学校和教师获得职业发展空间均衡以及学生层面拥有同等学习条件和受教育机会均等。另一方面，从招生入学机制优化入手推动教育均衡发展，在符合现行教育政策和规章的条件下，积极创新相关工作思路，同时也要严格恪守工作规范，在实验校认真落实高中阶段学校考试招生制度改革要求的前提下，并在实地调研和客观考察目前小升初和初升高招生工作现状的基础上，适当赋予实验校一定的生源分配倾斜，实现从生源角度助推义务教育发展的合理均衡转向。

其三，引入名校长和名师培养对象遴选，通过绩效、职称评审倾斜调动教职工积极性。政府要注重名校长和名师培养对象（中学学段为主）在培养期间应有在实验校专职从教三至五年的经历。政府在绩效工资区域统筹部分，可根据实施情况，适当向实验校倾斜，调动学校教职工的工作积极性。在中学高级职称评审上，政府可探索初高中评审分离，并适当向初中倾斜。

其四，确保相关均衡优化教育资源配置实践研究的条件支持。自成为"百所公办学校强校工程"实验校以来，田林第二中学得到了区教育局的大力支持，市、区专家多次实地调研指导并开设讲座，尤其是"市高峰计划主持人"徐汇区教育学院院长、教育局副局长李文萱院长的直接指导，为学校找准问题、寻找对策、组织实施和监督调整提供了坚实的保障。强校工程区级专家组共有24人，覆盖全部学科的教研员团队和科研员等。课程领导力行动研究的成员都有一定科研能力，教育教学经验丰富，在校内承担教育教学管理工作。金琪校长为上海市特级校长、德育特级教师，曾多次完成市、区级课题项目并获奖。学校教科研负责人吴小华老师为杨向谊名师工作室学员，语文教研组长沈巍炜老师为区中青年骨干教师、曾宪一名师工作室学员。学校校长室直接负责对相关改革研究的筹划、协调、组织，无论是研究资料的获得、研究经费的筹措，还是研究时间和研究人员的保障等，都给予了充分的优先考虑。

2. 建立健全考核体系，发挥评价机制的督促效应

在"强校工程"实施中，政府要坚持充分发挥评价考核的正确导向作用，引导学校认真贯彻党的教育方针，落实立德树人根本任务，坚持科学的教育质量观，依据相关教育法律法规、国家课程标准等有关规定，突出重点，注重导向，遵循学生身心发展规律和教育教学规律，把学生的品德发展水平、学业发展水平、身心发展水平、兴趣特长养成、学业负担状况等方面作为评价学校教育质量的主要内容，着力构建教育质量综合评价指标体系。

其一，坚持督政督学与专业评估相结合。将"强校工程"列为基层政府教育工作考核指标，纳入教育督政范围。教育督导部门规范开展"强校工程"建设专项督导，认真落实对实验校增值评估和牵头校（支援校）辐射引领评估，对表现突出的学校和个人给予适当的奖励。

其二，坚持教育督导与专业评估相结合。公办初中强校工程不仅是教育系统重点工作，也是政府层面贯彻落实全国教育大会精神的民生工程。政府教育督导应坚持每年定期开展对实验校建设推进情况的动态评估，重点关注延续性的指标变化，包括历年学业考试水平变化、绿色指标数据变化、对口学生流出率变化、社区居民认可度及学生家长满意度变化等，对在评估中表现出色的学校和个人予

以适当的奖励。

其三，着力建立实验校动态发展档案。突出增值评估，将"绿色指标"表现、学校综合考核等进步情况作为评价实验校建设和紧密型学区化集团化建设等方面的主要指标，坚持亮出底色，客观衡量和真实映现学校干部培养、教师发展、学生成长、资源配置、课程教学、特色建设等方面的发展情况。

其四，建立健全评价奖励机制。对实验校的绩效考核实行同级同类，定性和定量相结合。在考核中，加强对学校办学质量和办学特色增值发展的考核，对实验校考核结果给予适当倾斜。绩效工资区域统筹部分划分出一定比例向实验校倾斜，指导各实验校在绩效工资分配上多劳多得、优绩优酬，调动学校教职工的工作积极性。对大力支持实验校工作的学校、相关校长和教师在绩效考核和评优评先方面给予适当倾斜。对参与实验校建设并取得实效的学区或集团牵头校、委托管理支援校给予适当奖励，推动形成支持实验校建设的良好环境。

3. 开展先进典型宣传推广，充分发挥示范引领作用

注重在"强校工程"中培育典型，加强宣传，坚持交流分享与宣传引导工作相结合。例如，整合"西田三元制"实践模式等强校工作的典型做法，政府积极做好经验交流与典型宣传工作。实验校通过一段时间的探索和实践，取得一定进展后，统一安排各实验校进行交流展示，分享典型经验和做法，既促进了学习互鉴，又扩大了工作影响。教育行政部门在教育报、教育电视台等有关教育媒体上开辟"家门口的好初中"建设成果宣传专题专栏，对实验校工作进展和亮点进行集中报道，加大宣传力度，努力形成支持"强校工程"实验校建设的良好氛围，扩大"强校工程"建设的社会影响力，形成全社会理解、支持"强校工程"实施的良好舆论环境。

（二）"难"在协作共享，挖掘支援校输出的切入点

支援校拥有高水平教师队伍、优秀课程等丰富的教学资源，通过资源共享和优秀理念的输出，既可以提高教育资源利用率，又可以快速地满足实验校师生需求，从而达到良好的共赢效果，实现良性互动发展。支援校的输出是强校工程建设的关键环节，输出的切入点可包括以下几方面。

1. 共享优秀教学管理制度，推动实验校科学规范管理

教学管理制度是现代学校管理的重要组成部分，是指学校根据本校的实际情况和一定的目标原则对整个教学工作进行的调节和控制，从而保证教学工作正常、有序、有效地进行，以达到培养学生德、智、体、美、劳全面发展的预定目标。教学管理制度改革是一项复杂的系统工程。因此，支援校的共享协作既要着眼于当前教育形势的发展，又要立足实验校的实际情况，帮助实验校选准突破口和切入点。一是共享创新与改革的兴校发展理念。帮助实验校积极转变教育观念，不断提高自身创新素质，及时发现并开发蕴藏在广大教职工中的潜在的创造性品质，运用灵活多样的教育手段，采取多样的活动方式，不断地激励和鞭策教职工，正确引导和促进教职工创新能力发展。二是共享如何加强学生"学"的管理研究的基本方法。引导实验校查"教"更查"学"，引导教师在课堂教学中不再只是教授文本和教科书，更重要的是教学过程要蕴涵先进的教学思想、教学方法、学习方法，引导教师在教学过程中注重发挥学生的主体作用，注重学生的学法指导，培养学生的学习能力。三是共享如何健全教学质量考核评价体系。教学质量评价对教师的教学观念和行为具有最为直接的导向、激励、控制作用。支援校与实验校协同研究教学质量考核评价体系，通过客观地看待教育教学过程，客观地看待教育教学成果，深刻分析其内在的联系，做到比较公平、全面地评价教育教学，最大限度地保护、调动教师的积极性，最大限度地保护、调动学生的积极性，使教学收益最大化。

2. 协助打造校园特色文化，推动实验校特色内涵创建

校园文化建设是学校育人工作的重要一环，是引领学校教育思想、教育管理、教育方法变革的灵魂。推动校园文化建设，注重内容上丰富多彩，形式和手段上多种多样。支援校主动结合实验校的特点特色，协助实验校共同进行校园文化和相应的特色活动课程的建设，整合资源帮助实验校制定合理的校园文化建设方案，并指导其设计每学期的校园文化活动。例如，针对实验校生源大多数为随迁家庭子女，升学目标多为高职高专的情况，学校培养目标以职业导向的实践教育为主，支援校主动结合自身在校园文化建设工作中的做法，向实验校输出校园文化建设的工作方案，引导实验校围绕职业体验教育培育校园文化，开发特色活

动，开展主题鲜明、富有职业实践教育特色的校园文化活动。同时，支援校应向实验校输出开发校本课程的做法与经验，帮助实验校开发和丰富校本课程，组织校本课程开发与研讨，逐步形成实验校自身的校本课程资源。例如，针对实验校的生源情况，两校积极合作探索并开发了一些特色心理辅导类的课程，既体现校本特色又能对随迁家庭子女进行心灵上的呵护和关怀，力求将其打造成为实验校的校本特色优质课程资源。

3. 建立教研课程扶助机制，推动实验校教学质量提升

课题组调研发现：实验校教育教学质量不高，使得学龄段子女家庭对学校教育产生不信任，容易流失优秀生源；长期的优秀生源流失，又会导致教师教学热情匮乏，从而在一定程度上阻碍学校教育质量的全面提升。据此，课题组建议：在推进强校工程中，支援校应当建立扶助机制，把深化实验校教学和课程改革、提升学校的教育教学质量，作为强校工程建设的突破口。首先，建立专业或学科教研组、备课组合作研讨制度。支援校与实验校成立各个学科联合校本教研小组、备课组，每学期举办合作研讨活动，对教学各个方面进行深入探讨，提高教学质量。其次，开展科研课题的联合研究，建立两校的科研联合机制。支援校每年从课题中选择与实验校相关的课题，引导实验校教师参与研究、培训，逐步训练、带动、提升实验校的科研骨干力量。再次，联合开设探究性活动课程，避免单一死板的学科课程体系限制学生的兴趣和特长，打击学生学习的积极性。支援校积极选派干部、教师把教学经验带到实验校，并根据实际需求指导实验校教师开设辅助类的拓展课程，设计开展更多活动性的探究课程，以此改善实验校的教学状况。

（三）"贵"在自我革新，探究实验校建设的核心点

1. 建立健全制度保障，提升教育教学质量

其一，组建工作领导小组。强校工程中凝练形成的好的制度、做法、举措等关键在于实验校的有效落实。实验校要把强校工程建设作为学校一项核心工作和任务来推进；要依托支援校的优质领导资源输出，联合组建工作领导小组，负责总体规划设计与配套政策制定，统筹推进强校工程改革工作，与支援校协商确定工作项目内容，明晰项目目标任务，细化工作措施，理清时间表和线路图，采取

有效措施方法，确保强校建设各工作项目取得实效。

其二，积极构建学生综合素质评价机制。结合中招中考的政策要求，依托区域实施初中学生综合素质评价基地学校的政策红利，实验校积极探索建构学生综合素质评价机制，积极邀请相关德育和学科专家深入学校指导，广泛开展综合实践活动，为实验校不同需求的学生提供可选择的综合学习资源。实验校学生综合素质评价机制可突出社会考察、探究学习、职业体验等综合实践活动记录，增强学生的社会责任感，培养学生的创新精神和实践能力。

其三，建立健全教育科研协同机制。实验校探索主动开展创新性教学和研究，在规范中求创新，在创新中求突破，积极向教育行政部门申请成为本区域教育科研基地校，依托区、校两级的联动教育科研模式，推进区域内优秀教科研成果在实验校的转化应用，探索总结强校工程中的优良经验和待改进的地方，为今后将经验推广辐射到其他公办初中学校做好基础示范工作。

2. 配齐建强师资队伍，发挥教师主体作用

在支援校的协助下，实验校要积极适应基础教育工作高质量发展的内在需要，切实梳理学校师资队伍建设中的问题，积极推进学校管理和教师队伍结构优化，努力打造一支具有良好敬业精神、结构基本合理、师德高尚、专业素质较高的师资队伍，为学校发展奠定坚实的队伍基础。

其一，积极培养团结协作、工作高效的教师干部梯队。实验校探索从教师干部队伍切入，大力发掘青年教师潜能和优势，发挥青年教师所长，促进干部队伍结构优化和提质增效，打造一支年轻有为、朝气蓬勃、善作善成的新时代学校教师干部队伍，锻造学校教学管理和育人工作的中坚力量。

其二，坚持优质师资引入和加快自主培养有机结合。一方面，立足学校教育教学改革发展需要，积极引进和培养学科带头人，以推进校际联动项目为抓手，积极开展教学管理优化和重整，组织流动任教，促进优质师资引入和工作开展。另一方面，依托课改、素质教育实施等进程，积极挖掘和充分利用现有的便利条件和优势要素，推进建立多渠道、多路径、多层次的师资培养机制，积极开展校本研修，充实教师学科本体性知识储备，严格课程执行标准，增强教师主动发展

内驱力。立足"强校工程"，提高教师专业化水平，以教师专业增能作为强校关键；坚持"双名工程"有机融入，加快形成优秀教师、骨干教师团队。

其三，适时推进教师待遇改善，优化职业生涯发展条件。实验校充分依托强校工程的有关政策，在财政政策范围内，积极与区域教育行政部门、财政部门协商沟通，不断推进教师工作待遇改善，拓宽和落实好各项教师福利政策，提高教师工作的幸福感和满意度。建立完善教师进修培训制度，开展多种形式的在职教研培训，保障教师享有均等优质的在职进修机会。

3. 深化课程教学改革，努力形成特色品牌

其一，以提升教育教学质量为核心，持续深化课程教学改革。在学习借鉴支援校的优质课程教学方案体系的基础上，实验校应切实梳理自身课程教学中的各类问题，既要梳理显性问题，又要挖掘隐性问题，采用多种形式寻找解决问题的方法、途径和手段。坚持以教研组为阵地进行优化教学流程探索，以规范教学为载体强化教师专业技能，以"传、帮、带"为纽带推动教师专业成长，积极为教师搭建各种实践和体验的平台。实验校还应充分利用校内外各种资源，开齐开足各类课程，广泛开展学生综合实践活动，为不同需求的学生提供可选择的综合学习经历，提高学生综合素养。优化学生综合素质评价，突出社会考察、探究学习、职业体验等综合实践活动的记录，树立正确的质量观和评价观，运用科学的教育评价理论对学生发展进行综合评价，促进学生积极主动发展和全面健康成长。

其二，推进特色校本课程体系建设。依托支援校优势资源，实验校进一步建立健全覆盖备课、上课、作业、辅导、评价等基本教学环节的规范，科学设计作业和测验制度，促进课程、教学、作业和考试评价的一致性。通过学校、家庭和社区的共建，并积极借助支援校优势师资，加强校本课程开发的师资力量。除了开齐、开足、开好上海市课程计划的基础型课程外，根据学校特色、教师特长、学生需求开设校本拓展型和探究型课程，努力使校本课程更加贴近学科教学需要、学生兴趣爱好需要和科技创新发展需要，提升学校特色办学的知名度和满意度。

◀ 第2节 ▶

有效促进了实验校师资力量优化提升：
强化教师质量意识，确保课程高效实施

"百年大计，教育为本。教育大计，教师为本。"自强校工程推进以来，田林第二中学凝聚教师共识，攻坚核心项目，教师队伍面貌有了很大的改观，实现了100%教师参与教学诊断、100%教师参与校本课程的开发和研究、100%教师参加跨校联合教研的专业能力的持续提升，确保了课程高效实施，促进了学校长效发展。

一、从班子行政抓起，带动"两长"，提升全体教师质量意识

强校建设三年来，西南位育中学结对田林第二中学，支援校西南位育中学先后有书记、校长、教研组长、基础课程的骨干教师等各类干部教师到实验校田林第二中学进行阶段性指导。师生、教学、课程、管理的变化在民办与公办的双赢共成长中呈现。

（一）对标教学质量预期效果，激发实验校教师工作动力

学校校长作为教学质量的第一责任人，深入课堂、深入教师、深入学生，整体规划学校课程，构建学校校本课程体系，指导课堂教学改革，推广先进的教学经验，建立以校为本的质量保障体系。校长室、教导处及科研室作为职能部门，定期研究教学中"突破质量的瓶颈问题"，重点实施"制度规范—组织实施—质量监控—信息反馈"循环的质量保障体系。一是进一步完善教学管理制度，加强常规教学管理，充分发挥制度的约束作用；二是通过常规检查、听评课、教学视导、学生座谈、质量分析，对教师的课堂教学质量进行量化管理和全面评价；三是对教学质量监控中发现的问题及时反馈，并提出合理化意见和建议。教学监控检查结果纳入教师业务百分制量化考核，作为教师评先评优、晋升晋级的重要依据，充分体现按劳分配原则，实施优绩优酬，最大限度调动广大教师的工作积极性。各教研组、备课组根据各学科课程计划和课程标准，开展教学研究和教学改

革，监控和评价本组的课程教学过程和质量。各年级组围绕教育教学过程中的问题，协调平衡组内各学科教学，分层或定期召开家长会、家访，加强家校间的联系和沟通。

（二）输出创新人才培养模式，搭建实验校教师专业发展阶梯

教师队伍是学校发展的基础，高质量的教育教学首先要有高质量的教师队伍。支援校在教师队伍建设方面有丰富的资源和经验，应采取多种途径不断提高实验校教师的专业化水平。首先，支援校需组织干部教师对实验校师资队伍的现有结构、水平、层次进行实地调研，结合实验校办学实际，帮助实验校规划教师队伍发展方向，制定相应的方案。其次，帮助实验校建立校本教研、校本科研的一体化培训机制，有效提高该校教师的专业化水平，同时帮助该校有效开展师德师风建设，积极引导并建设新形势下先进的教师文化。支援校每学年派出中青年骨干教师到实验校任教，实验校也派出同等数量的教师到支援校任教或学习，双方借此就管理、教学、研究等方面进行交流。最后，发挥名师带教的引领作用。支援校定期由学校领导带队，组织专家、优秀教师到实验校，通过上示范课、做专题报告等形式向实验校展示，指导其学科教学和研究，并传授给实验校教师先进的教育理念和方法。支援校指定特级教师、研究员或学科优秀教师与实验校的教师结成对子，通过各种途径进行交流，探讨教育理论、课堂教育教学、教育科研等方面的内容，从而发挥支援校在实验校的引领、带头作用。

强校工程所打造的优质教师队伍，应该具备不仅可以教"好学生"，还可以教好"学生"的能力；须做到同一教学内容，针对不同层次学生实现差异化、针对性教学，真正实现有教无类、因材施教。特别是强校工程中的交叉型同课异构的实践探索，基于学生的差异性，在定题、设计、说课、上课、研讨与反思中全面提升教师教育教学水平，探究出教师适应各类学生、提升教学水平的有效策略与途径。

借助强校工程，支援校和实验校又通过教师的柔性流动把联合培养教师的思路进一步打开，举措进一步做实。西南位育中学和田林第二中学走出了一条属于自己的"西田"之路：两校通过联合教研、联体研修、联动科研等方式，多渠道全方位地提升实验校的管理水平和教师的教学能力。在教师中持续开展校际流

动，交叉任职。每学年两校互派 4 位教师开展为期一年的跨校任教，并制定完成《西南位育中学与田林第二中学教师双向流动实施办法》，使两校实现真正意义上的"血脉相通"，无缝对接。交叉上课、联动教研等角色互换的帮扶打破了教师专业发展倦怠，给教师成长带来更大可能。田林第二中学派出教师流动到西南位育中学进行浸润式学习，西南位育中学也先后派出 18 位 50 岁以下的优秀教师来到田林第二中学上课、带教，实验校的教师们表示："西南位育中学老师们的到来，让我们的老师看到教学更多的可能性，无论是心态还是能力都有了积极的变化。"这是基层教师的切身感受，也是强校工程的"最强音"。

促进教师队伍的专业成长是实现学校内涵式发展的重要根基。坚持蕴育优质师资，努力培育强校工程的"好园丁"。支援校与实验校通过柔性流动、联合培养，教师队伍得到发展。专业发展引领质量提升，先进理念引导高效实践，三年来，实验校逐渐形成了一支能够主动开展学习与研究，并努力让理念落地的教育教学团队，在教学队伍建设中层层落实，交叉并行，形成了研究与实践的良性循环。依托教师教学研交流互促，在实验校教师专业发展上，2020 至 2022 年学校教师职称晋升情况良好，共有 6 位教师顺利晋升职称。

表 5-1　2020—2022 年学校教师职称晋升名单

序　号	姓　名	性　别	职称及任职时间	任现职时间
1	蔡老师	男	中高（2021.12）	2022.1.1
2	高老师	女	中高（2021.12）	2022.1.1
3	沈老师	男	高级（2020.12）	2021.1.1
4	邵老师	女	中一（2019.12）	2020.1.1
5	田老师	女	中一（2021.12）	2022.1.1
6	徐老师	男	中一（2021.12）	2022.1.1

二、从教师研修抓起，任务驱动，确保校本课程高效实施

校本教研是促进教师职业发展、提高课程教学质量的制度性保障。田林第二中学依托支援校和专家团队的优质教育资源输入，以更新教师教育理念为先导，以解决教育教学中存在的突出问题为突破口，着力开展"课程与教学中

关键要素"的专题研修，以此提高学校课程品质与教学质量，提升学校的课程领导力。

（一）构建校本教师研修课程与研修机制，增强教师研修有效性、针对性

学校围绕"学科素养"的内容，关注学生的学习过程，发现问题，通过建立"计划—行动—考察—反思"的教师教学研究模式，提升教师教学思维品质，形成校本教师研修课程与研修机制，提高教师研修的有效性、针对性，引领教师专业化成长。

1. 明确基于课程标准单元教学设计的任务与内容

通过区级、学区、校级相关研究学习，帮助教师了解基于课程标准单元教学设计的目的意义、内涵要求及组成要素等。如徐汇区教育学院副院长桑嫣《导向学科核心素养的课堂教学》、徐汇区教研室主任姚秋平《基于标准的单元教学设计与实施》、校本研修课程"部编教材单元教学手册的编写""初中语文教学手册校本化编写与研究"等。

认真落实"从标准—单元—课时"的教师教学理解与教学设计能力的发展框架，依托市、区两级学科教学指南，帮助教师合理确定学生学习发展分级目标，合理解读与选择教材单元学习内容，合理确定课型与设计以及有效学习的活动与评价，形成校本学科教学单元案例与课堂教学范式。各教研组组织全体教师参与单元设计样例的撰写工作。在基于课程标准的教学中，教师们在认真解读课程标准和区级学科教学指南的基础上，以备课组为单位，通过基础研究、课标分析和学科关键要素提炼，进行年级教学目标的提炼与分解、单元教学目标的分解与分配，继而根据我校的生情明确单元主要内容及课时分配、单元教材编写意图（含课标要求理解分析）、单元教材内容的学科核心思想，完成单元目标研制、单元作业设计、单元评价方案的设计及表格式教案的撰写。

2. 明确教师研训的任务与内容

以教研组为单位，通过理论学习、分工完成样例、培训样例讨论、修改样例、再培训样例讨论、编制与实践、文本讨论、实践修改完善、定稿推广（教学展示）等工作任务链，建立校本教师研训工作机制。

立足校情和学生真实需求，紧密结合校情、学情，田林第二中学努力推进国家课程的校本化实施和校本课程结构的多元化。加强教学管理的制度建设与运行，建立教学工作机制，加强教学常规管理，基于课程标准，进一步落实国家课程校本化实施，落实课程计划；开发丰富、有特色的校本探究型课程，在实施中凸显学生体验活动和跨学科综合活动。基础型课程和拓展型课程两者兼顾协调，体现衔接互补，从而逐步建立和完善能与学校办学目标一致的、结构合理而又具有个性特色的课程体系。

学校组建项目小组，制定校本课程开发研究制度，定期对校本课程目标、结构内容、组织实施、管理评价等进行专题研究。目前学校已开发校本课程40余门，其中跨学科课程项目10门，如两校生物教研组联合开发完成"药食同源——中草药创新实验"校本课程。

3. 明确跨学科课程校本开发与实施的任务与内容

实验校开展跨学科课程校本开发与实施的探究，围绕育人目标、体系规划、策略实施、条件利用、管理运行、评价反馈等环节，探析跨学科课程开发的逻辑架构。通过跨学科课程的实施开展，在面对问题解决的现实教学场景中，充分考量学生的问题意识、视野层次、分析能力等，培养学生解决现实问题的应对能力。由于跨学科课程是一种新课程形态，缺乏现成的课程样式，相关课程实践尚需开发，学校近几年新入职的青年教师在课程开发能力上亟待提高。虽然当前课程计划、目标、措施、管理、评价要素齐全，但关联度不强，课程计划中能体现学校特色的课程呈碎片化分布，不构成完整体系，课程计划中校本课程的开发实施不够充分有效，无法强有力地引领和推进教师的专业发展。因此，学校积极推进指向学生发展核心素养的跨学科课程建设，努力增强教师围绕跨学科课程开发的实践能力。其一，初步开发若干指向学生发展核心素养的跨学科课程。核心素养的提出是基础教育课程改革的创新点，是落实立德树人根本任务的一项重要举措。围绕核心素养培育，进一步明确学校的课程目标，进一步优化跨学科课程的内容及结构。其二，提升教师跨学科课程的开发实施能力。提升教师课程理论素养和课程建构能力最有效的途径就是课程的开发与实施，而跨学科课程是整合多个学科领域，打破学科间壁垒而建立的一种融合性的课程。跨学科课程的开发能促进教师自觉形成以学生成长为本的教学意识，是改进教师关注学生学习需求从而不断提升教学能力的有效途径，因此，跨学科课程的开发能改变教师传统的课程思想，增强教师的课改意识，改善教师的教学思维和行为，进而提升教师的相关专业能力。

（二）稳步开展教学改进探索，学科育人工作成效凸显

在全面贯彻落实国家教育方针、树立科学的教学质量观的前提下，在学科建设中突出育人特色，把握教学规律，深化课堂教学改革。结合新课程、新教材要求，强化学科教学行为规范，大胆创新课堂教学模式，充分利用现代信息技术优势，形成良好的教学质量监控和评价机制，不断提升教学的科学性、针对性、有效性，以人为本，面向全体，尊重差异，促进学生全面可持续发展。

通过专家讲座、教研组专题研修、与西南位育中学联合教研、公开课教学研讨等方式，田林第二中学对教学五环节中的关键要素进行行为研究。一是单元教学设计。邀请姚秋平及桑嫣教师开设了"基于标准的单元教学设计与实施"和"导向学科核心素养的课堂教学"专题讲座，各学科教师在教研员的指导下完成了教学手册的研制工作，连续两年开展面向全区的教学公开展示。二是作业与命题研究。对标课程标准，在对中考试题研究和考点分析的基础上，根据校情和生情，建立了科学有效的"三练"题库，完成了校本作业册的编制工作。三是学案教学。开展了主题为"基于课程标准的学案设计与研究"的教学评比和交流活动等。通过以校为本的教学研究，教师们积极探索指向核心素养培育的教学新内涵，以学生学习为中心，从学生学习活动、学习支持、学习评价和学习资源环境四个方面着手推进教学改进，有效落实学科育人，确保了学校课程的高效实施。2018年9月至今，我校已有15位教师在市区层面开设教学公开课，"'清·明·详·近'四字指导法——初中语文活动探究单元教学设计"专题研修项目组在上海市第三轮课程领导力行动研究项目创意提炼与分享会上作交流发言，语文、英语多个备课组在全区教学研讨中进行展示。2019年12月，学校在教育学院教师专业发展中心组织的校本研修专题调研中获得充分肯定。

从2019年到2022年，实验校田林第二中学在德育和教学工作方面取得积极突破，共收获三项德育奖项、八项教学奖项。

表5-2　2019—2022学年德育奖项获奖统计（以奖状及颁奖时间为准）

姓　名	奖项名称	获奖时间	等　第	颁奖单位	获奖级别（市/区/局）
陆老师	田林虹梅学区导师群英会——最具情怀奖	2021.12	最具情怀奖	田林虹梅学区	学区
周老师	"崇明杯"中小学班主任基本功大赛	2021.10	徐汇赛区三等奖	徐汇区教育学院	区级
邵老师	"崇明杯"中小学班主任基本功大赛	2021.10	徐汇赛区三等奖	徐汇区教育学院	区级

表5-3　2019—2022学年教学奖项获奖统计（以奖状及颁奖时间为准）

姓　名	奖项名称	获奖时间	等　第	颁奖单位	获奖级别（市/区/局）
林老师	2021年徐汇区见习教师规范化培训基本功大赛	2021.10	二等奖	上海市徐汇区教育学院	区级
戴老师	我的中国梦美育普及活动"汇童心·汇党恩"	2021.12	优秀指导奖	徐汇区教育局	区级
戴老师	"田二杯"野生动物保护	2021.12	优秀指导奖	徐汇区教育局	区级
戴老师	"田二杯"《救救野鼠》野生动物保护	2020.12	优秀指导教师	徐汇区教育局	区级
祝老师	2020学年田林虹梅学区青年教师教学基本功大赛	2021.6	三等奖	田林虹梅学区化办学工作委员会	区级
邵老师	徐汇区初中英语学科中青年教师教学评比	2021.3	三等奖	徐汇区教育学院	区级
邵老师	上海市英语学科"强校工程"学校青年教师教学基本功展示与评比活动	2021.5	团体二等奖	上海市教委基建处、上海市教委教研室	市级
邵老师	上海市英语学科"强校工程"学校青年教师教学基本功展示与评比活动	2021.5	最佳教学设计奖	上海市教委基建处、上海市教委教研室	市级

◀ 第3节 ▶

显著推动了实验校学生培养质量提升：
促进学生成长，提高办学品质

学校通过"强校"真正变强，最终要依托实验校扎实推进三年规划，持续改进教育教学生态，掌握造血本领，让自身强起来，最终落脚于学生的素质提升与能力成长。以项目研究作为强校工程规划推进的载体和抓手，实验校的研究项目不仅有基于其发展的瓶颈问题研究，还有关注其传统特色的深化与提炼。田林第二中学开展了"指向学生发展核心素养的综合课程群的开发""导向学科素养的单元教学设计与实施"等课题项目的研究探索，聚焦实际问题，实验解决方案，实现教学方式、教师关键能力、学生学习成效的整体提升。经过三年多的实践，田林第二中学大部分学生都能在原有基础上取得进步，体会到了成功的喜悦。自2018年来，学校初三年级的中考成绩连续三年稳步提高，及格率和优秀率也逐年提升。

一、立足课堂教学质量，增强学生核心素养与综合能力

（一）立足课堂，以落实学生核心素养为突破点

作为一所普通公办初中，田林第二中学学生学业基础水平参差不齐，学习能力高下不一。这是现状，短期内不可更改，亦无可抱怨。教师要如何教，为了什么而教，向什么方向教，其自身必须头脑清晰，达成共识，这样学校的教育才不会南辕北辙。近年来，田林第二中学始终坚持创建特色，关爱学生，致力于让每一个学生健康、快乐成长；学校坚持全面发展，追求卓越，努力为学生终身发展奠基，落实素质教育，推动学生核心素养培育，营造和谐的校园文化，努力培养全面发展的社会主义事业建设者和接班人。

立足课堂，基于新课标新教材，分析学情，优化教学，以课堂教学为主阵地，以转变学生学习方式为主攻点，以落实学生核心素养为突破点，深入持久地开展优化课堂教学活动。田林第二中学在校本培训及教研组研训过程中引导教师

研究新教材与新课标，精心设计教学内容与学生活动，各教研组、备课组开展项目化学习和跨学科研究、命题及教学评价体系建设研究，提高教学的有效性和针对性。

关注学困生，形成和谐教学氛围。由于田林第二中学生源的特殊性，学校仍然存在一定数量的学习困难学生，因此，尾部学生是学校需要重点关注的内容之一。在教学过程中，注重学困生非智力因素的培养，激发这部分学生的求知欲，激发其学习的内驱力，变"要我学"为"我要学"，让这部分学生愿学、乐学、好学、善学，让他们学得更积极、更自信、更有效，真正实现让每个学生都获得成长与提高的办学目标。

（二）探索实践，培养学生创新精神和实践能力

"西位＋课堂"计划以"实验校学生实践——社区问题解决方案的实施计划"为抓手，以"中考改革背景下以'三小'模式提高初中学生社会实践活动有效性的探索与实践"市级课题申报为契机，加强实验校校本课程和学校重点项目建设，聚焦学生创新精神和实践能力的培养。

提升学生学习力和创新实践能力。通过跨学科课程的学习，培养学生采集、整理、分析和建构信息的通识学习能力，并在真实教学情景中培养学生的问题意识和解决问题的实际能力。通过跨学科课程的一系列学习，丰富学生的学习内容，优化学生的学习方式，为学生提供多元而有真实意义的学习经历，培养学生实践能力和创新精神，真正指向学生发展的核心素养。

在研究提升实验校教育教学质量的基础上，进一步推进实验校和支援校的关系。通过教师柔性流动、联合培训、联体研修、联动科研、开发共享课程等方式，多渠道、全方位提升实验校干部的管理能力和教师的专业能力，以提升教育教学质量为核心，抓好教学五环节的基本规范；结合中招中考改革的政策要求，广泛开展综合实践活动，借助课程培养学生的核心素养，提高综合素养，增强学生的社会责任感，培养学生的创新精神和实践能力，并着重将实验校取得的经验及总结出的有效措施在区域范围内辐射推广，带动其他公办初中共同发展，为办成老百姓家门口的好学校再接再厉。

二、着眼学生终身发展，促进学生全面而富有个性化的成长

（一）开展西位"四个一"体验活动，引领学生体验自我管理和自我教育

"真教育是心心相印的活动。唯独从心里发出来的，才能打到心的深处。"在两校教育资源共享共鸣的真实双向环境下，田林第二中学每一位学生都有西南位育中学的实际教育经历，可以是听一次课，也可以是参加一次节庆活动，或是参加一次比赛或课题。通过全员参与体验支援校的课程资源、师资条件和活动空间等，最终让实验校 100% 的学生有支援校的教育体验、100% 的学生有各种获奖的成功体验、100% 的学生有生涯教育的经历体验、100% 的学生有社区志愿者服务的实践体验，广大学生深入参与，用心体悟。在积极开展沉浸式学习探索尝试中，作为田林第二中学与西南位育中学落实"强校工程"开展的一项学生交流学习活动，学校还定期选拔田林第二中学初三在读学生到西南位育中学随班听课，为田林第二中学优秀学生提供在西南位育中学学习交流的机会，借此帮助优秀学生进一步增长见识，拓宽视野，提升学生各方面的能力。

通过支持实验校学生全员参与体验支援校的课程资源、师资条件和活动空间等，为学生营造共生、共振、共鸣、共赢的双向学习环境，让学生在活动中体验自我管理和自我教育，充分浸润到勇于负责、善于合作、乐于探究、勤于锻炼、精于技艺的学习过程中。

（二）坚持"以人为本"成就生涯发展，实现学生全面发展与个性成长

"一年之计，莫如树谷；十年之计，莫如树木；终身之计，莫如树人。"所有的改革与研究，其初始是因为人，其目标是为了人。因为学生的实际情况和发展需求而迫切需要研究和改革，在实验校田林第二中学的研究中，撬动了学校的课程规划与设置，更新了教师的教育教学理念，改进了教育教学方式方法，促进了一批优秀的教师成长，推进了国家课程高质量实施，而究其所有，最根本目的在于，聚焦德育与文化体系的再造、课程与教学体系的重构、队伍与研修体系的提升，都是为了学生的发展需要。在此过程中，也切实推进了学生的发展。无论是生涯教育、劳动教育、项目化学习、跨学科学习，还是单元教学设计、单元教学实施、课堂观察研究、作业体系完善、评价体系更新，最终目标都是对标学生核

心素养的提升，最终目的都是成就学生更好的发展。和 2018 年学业质量绿色指标测试相比，田林第二中学 2021 年多项指标均有了一定程度的提高，比如：学业标准达成度、学习自信心、学校归属感、学业负担、学业压力、个体间均衡等方面的指标提高明显；高层次思维能力、品德与社会化行为、学习动机等多个方面也有一定提高。学校立足于为学生终身发展奠基的高度，围绕生涯发展进程，成功推动了学生全面健康成长和个性发展。

表 5-4　2018—2021 年田林第二中学绿色指标数据对比

指　　标	2018 年			2021 年			我校发展水平趋势
	校	区	市	校	区	市	
学业标准达成度	4	9	8	9	9	9	↑
高层次思维能力指数	3	6	5	4	6	5	↑
艺术素养指数	9	8	7	9	9	9	→
心理健康指数	4	5	5	5	7	7	↑
品德与社会化行为指数	8	9	9	9	9	9	↑
学习动力	5	7	7	/	/	/	→
学习自信心指数	6	8	8	8	8	8	↑
学习动机指数	6	7	7	7	8	8	↑
学校认同度指数	8	9	9	9	9	9	↑
师生关系指数	9	9	9	9	9	9	↑
同伴关系指数	8	8	8	9	8	8	↑
学校归属感指数	7	8	8	9	9	9	↑
学业负担指数	4	3	4	6	4	5	↑
睡眠指数	4	4	4	6	5	6	↑
作业指数	7	4	5	8	5	5	↑
（校外）补课指数	5	4	5	6	5	6	↑
学业压力指数	5	4	5	7	6	6	↑
教师课程领导力	3	3	3	4	5	5	↑
教师教学理念指数	5	5	5	4	5	5	↓
教师教学方式指数	6	7	7	7	7	7	↑
教师学业评价能力指数	3	2	2	2	3	3	↓
个体间均衡	2	5	5	6	5	5	↑

三、基于学生培养推进强校合作，推动实验校办学品质提升

支援校和实验校围绕基于学生培养、提升办学品质的共同发展目标进行紧密合作，注重同时调动双方的参与积极性，双方围绕课程、教学、师资三个关键点深化拓展，不断优化学生素养培育，着重推进实验校办学品质提升。

其一，支援校和实验校坚持围绕一个共同目标开展合作。共同的目标和追求是实现强校合作的思想前提。尽管强校工程的建设初衷是促进实验校办学品质的提升，但在实践中，强校工程不应该是单向度的输出，要特别强调这一过程的共同目标和双方的合作共赢。实验校在借鉴和共享支援校优质办学经验的基础上要实现自身办学品质的快速提升，支援校也要在帮扶过程中更好地检视自身的办学经历、办学经验，实现基于实践的反思再提升。只有将强校工程真正打造成双方共同认可、共同提升的工程，这种工程才是可持续的，也才能真正达到促进实验校办学品质提升的初衷。

其二，支援校和实验校注重充分调动彼此双方的积极性。"一个巴掌拍不响"，实现真正的合作强校，必须要调动实验校和支援校两方的积极性。支援校坚持树立整体发展的教育观，把自身办学发展中最具亮点、最有辐射借鉴价值的元素呈献给实验校；实验校坚持求知若渴，主动学习，深入思考，创新应用，努力将支援校的特色经验转变为自身跨越式发展的后发优势。两校通过相应的制度建设、资源保障、主题教育等，进一步统一思想，解除顾虑，整合资源，让强校工程成为双方"主动参与、深度参与、长期参与"的系列活动。

其三，支援校和实验校着力在三个关键点上做足文章。每一所学校有其不同的历史、定位、特质，通过强校工程实现实验校的帮扶发展不是要打造"千篇一律"的学校，也不需要面面俱到，而是要抓住关键领域做好文章。对于学校办学品质提升而言，最为重要的元素应该是课程、教学、师资，在此次强校工程实施中，支援校和实验校着力抓住了这三个关键点，通过具体路径的创新让优质经验得到提炼和共享，不断强化学生培养质量，实现实验校办学品质的高效度提升。

附录 "1+1"

强校重在强师

初中人工智能课程的设计与实践

——以《语音识别》一课为例

田林第二中学　董慧　（信息技术教师）

一、引言

人工智能是研究和开发用于模拟、延伸和扩展人的智能的理论、方法、技术及应用系统的一门新的技术科学。目前，人工智能飞速发展，影响社会生活的方方面面。我国也越来越重视人工智能教育。2022年4月，教育部颁布的《义务教育信息科技课程标准（2022年版）》将人工智能设为六条逻辑主线之一，突出了人工智能的主线地位。对于初中阶段的学生来说，希望他们在感受和认识人工智能的魅力的同时，能够识别身边的人工智能应用，知道人工智能发展必须遵循的伦理道德规范，理解人工智能与现实社会的联系。[①]

二、初中人工智能课程现状

在人工智能时代的今天，很多学校在基础教育阶段对人工智能教育课程进行了积极的尝试与探索。小学阶段侧重于学生对人工智能技术的体验与感知，那么在初中阶段，人工智能课程要区别于小学阶段的认识—体验过程，同时也要为高中阶段的知识内容做好铺垫。目前人工智能中涉及的概念、原理对学生来说理解难度大，按照传统的直接讲授法，学生只知"字意"，不知"字义"，被动接受这些原理概念，不能进行深层次的思考。[②]教学内容中加入过多Python编程训练，学生脱离了

---

① 熊璋，赵健，陆海丰，等.义务教育阶段信息科技课程的时代性与科学性——《义务教育信息科技课程标准（2022年版）》解读［J］.教师教育学报，2022，9（4）：63–69.

② 王世达.基于真实情境的人工智能项目活动设计与实施——以初中信息科技"无人超市的实现"为例［J］.中国信息技术教育，2022（12）：46–48.

技术与社会生活的联系，只知代码含义，不明白代码背后技术的实现路径。[①] 因此，探索初中阶段适合人工智能课程的有效教学模式与策略就尤为重要。本文以人工智能中《语音识别》一课为例，通过层层递进的任务感受语音识别技术，理解其识别过程，在实际应用中体会语音识别技术带给社会的变化与挑战。

三、人工智能课程的教学设计与实践

（一）情景导入，以竞争激发学习兴趣

国外的脑科学研究发现，学生在开始上课时的注意力比较高，随后逐渐下降。一节课想要抓住学生的眼球，激发他们的兴趣，同时让学生快速了解本节课的主题，导入部分的设计是至关重要的。在《语音识别》一课教学中，由于学生在日常生活中普遍运用到语音识别技术，所以不妨在课堂上先让学生体验技术，引起共鸣，进行联想。学生戴上耳机，利用讯飞输入法语音输入学习单中的文字，与此同时，教师播放课前准备的一位学生键盘输入这段文字的视频片段，进行时间长短的比较。通过第一个任务的体验，学生感受到语音识别技术的神奇魅力，准确性高、速度快，自然地引出本节课的主题——语音识别技术，引起学生的思考：为何讯飞输入法可以将语音转为文字呢？

（二）概念解析，用任务探究科学原理

美国教育家苏娜单戴克说："告诉我，我会忘记；给我看，我会记住；让我参与，我会理解。"在进行科学原理讲解时要注意初中生的生理、思维特点，初中生喜爱动手操作实践，对于专业性强、抽象的原理知识，学生的课堂注意力会持续下降。因此，在进行这一部分的教学时，采用任务式的探究方法，引导学生动手实践去感悟语音识别技术的过程，理解其背后的科学原理。

1. 延续思考，对概念进行解析

> **课例片段一**
>
> **教师**：在刚才的任务一过程中，你进行了什么操作？机器输出了什么结果呢？什么是语音识别技术？
>
> **学生**：进行语音打字。（对于语音识别技术概念说不清楚）

---

① 阮静.基于计算思维培养的人工智能课程设计实践探究——以《人脸识别》一课为例
[J].中国现代教育装备，2021（22）：18-20+23.

> **教师**：语音识别技术就是模仿人的听觉能力，将人类的语音内容通过计算机转化成什么？
>
> **学生踊跃发言**：文字。

教师在总结概念时对语音识别技术概念进行解析（如图 5-1）。

图 5-1　语音识别技术概念

初中信息科技课程虽然偏重实践与操作，但是每节课或多或少会有理论知识的讲授。在这个片段中延续任务一的要求，引导学生说出语音识别技术的概念，即"语音"转换成"文字"。

虽然学生了解了语音识别技术的概念，但是对于语音转换成文字的原理过程是模糊的。人工智能课程学习中经常会遇到对原理过程的讲解，这类科学原理抽象性强，相对深奥。因此，在教学活动中要探索有效的方法将这些原理性理论知识简单化、形象化，帮助学生理解与掌握。

2. 利用类比，对原理性知识进行理解

教师在讲解语音识别过程时用听写单词的场景进行类比（如图 5-2）。

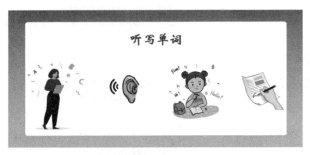

图 5-2　听写单词过程

耳朵负责听老师报的单词，这些单词不是一开始就存在于同学们的头脑中，是因为之前学习过这些单词，所以大脑记住了这些单词的发音，那么当同学们听到单词发音的时候，大脑就迅速匹配记忆中的发音，然后把对应的单词写出来。机器同样也是需要学习的，它们记住某一些字、词的发音，当我们对着机器输入语音时，机器快速匹配，找出发音对应的文字。

3. 动手实践，对原理过程进行分解

教师通过任务二的活动让原理过程"动起来"，借助 kittenblock 软件，按照学习单的要求，建立声音模型（库）——勾选与波形对应的声音——从同音字中挑选文字（如图 5-3）。

任务二：探究语音识别的过程

打开 kittenblock 软件，完成以下任务要求。

（1）建立声音模型（库）：为角色录制 "yu yin""ting zhi""gong zuo" 等发音，将波形截图在下方。

发音	波形图
yu yin	
ting zhi	
gong zuo	
……	

（2）观察下图这段波形，与（1）中的波形做比较，勾选出属于这段波形对应的发音是哪个？

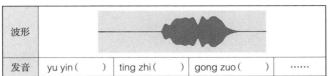

波形				
发音	yu yin（　）	ting zhi（　）	gong zuo（　）	……

（3）结合语言文字表达的特点，根据（2）中勾选的发音，从同音字中挑选可能组成词语的文字。

		根据（2）中的发音，组成的词语是（　）	根据前后文语义分析，机器匹配可能性最高的词语是（　）
yu：	宇、雨、语、余、玉……		
yin：	隐、音、印、银、引……		
ting：	听、停、婷、厅、挺……		
zhi：	直、智、职、止、滞……		
gong：	共、工、公、功、供……		
zuo：	做、作、坐、左、昨……		

图 5-3 探究语音识别过程任务单

本节课的难点内容是复述语音识别过程，语音识别过程是极其复杂深奥的，如何将复杂的过程简化成学生能直白理解的内容，可以尝试将理论知识融合进操作实践中，促使学生在应用中体验，在实践中升华。

课例片段二

教师：同学们根据刚才完成的几个小任务，能不能推测出语音识别技术的过程呢？同学们左右相互讨论一下，等会老师请同学来汇报任务的结果。

学生相互讨论交流。

教师请一位学生在黑板上摆放语音识别过程图，学生说明理由。

学生：先得有一段声音，然后提取声音中的特征，与模型库进行比较，把音组合起来，再去语言模型库中比较，找出符合的文字。

教师在对学生的发言表示肯定并进行补充说明后出示具体过程图（如图 5-4）。

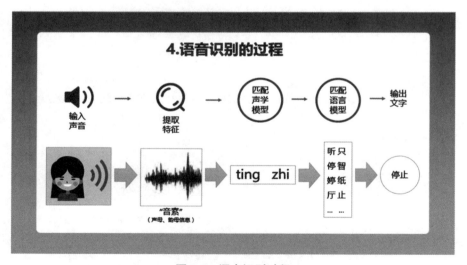

图 5-4　语音识别过程

学生利用 kittenblock 软件探究原理过程，让学生边听、边看、边练，调动学生的多种感官，然后教师请学生分享自己的成果。通过学生摆放过程图了解学生的课堂知识掌握情况，注重反馈。

（三）知识迁移，编程序运用技术

在理解本节课难点语音识别过程后，学生对语音识别技术会有想象与期待，那么课程的任务设置就回应了学生的期待。人工智能技术除了复杂的 Python 代码外，初中生也能利用 kittenblock 图形化编程软件的拓展模块 BaiduAI 来编写程序，利用语音控制扫地机器人的运动。在这个过程中，学生不需要具备复杂的技术能力，只需要调用软件开放资源，就能实现语音识别应用程序的编写。

课程标准中的教学提示也提到，通过身边的人工智能应用场景，引导学生正确认识人工智能，并带领学生分析具体案例，在实际应用的体验中体会人工智能带来的社会变化和安全挑战。

因此，在课程的最后，回顾本节课的主题——语音识别技术，带领学生一起总结生活中运用语音识别技术的场景。语音识别技术运用越来越广泛，通过语音控制机器，我们的生活更加高效、便捷。教师在课程结尾播放一段影片《科大讯飞在2019 年发起的公益爱心项目》，通过"讯飞听见"这个 App 帮助听力障碍人士提供实时语音转文字服务，让学生感受到技术向善，技术能够传递温暖。

四、总结与思考

本节课的最后，教师也请两位同学进行课堂小结，根据学生的发言可以得出，学生能够简要复述出语音识别的过程，列举语音识别技术在生活中的应用，达成教学目标要求。

随着核心素养与课程标准的颁布，明确了学生适应终身发展和社会发展需要的必备品格和关键能力，学生的学科核心素养是一个终结性目标。[1] 但是对于教师而言，如何在人工智能课程中将这一目标细化到每一堂课中，这需要教师对课程有一个整体的把握。我们可以从以下几点中找寻方法与路径。

第一，打破传统，寻找学科与学科之间的关联性。课程标准中每个学年段的课程内容都提到了跨学科主题的教学倡导，可以设计跨学科主题学习活动，鼓励综合运用语文、道德与法治、数学、科学等课程内容，从而提高学生的信息意

---

① 王永春.学生发展核心素养视域下的小学数学核心素养［J］.小学数学教育，2016（23）：3–5.

识，提升学生的数字化学习与创新能力。

第二，注重科学原理的学习，渗透信息社会责任。实践需要科学理论的指导，需要科学理论知识的引领。人工智能课程离不开技术的原理知识讲解，在课程设计时可以思考课标中提出的"场景分析—原理认知—应用迁移"的教学模式，从生活场景入手，发现问题，提出问题，探索原理，解释问题。

第三，联合教研，品味"同课异构"。越来越多的学校教师开设人工智能课程，教师可以共享教学资源，分享交流经验。在追求与优质课程的"同"时，也可以考虑如何构建"异"，发挥学区的力量，一起成长。

教师感悟 ··

在强校工程实施中，两校教师参与交流轮岗和互动提升，分享自身的心得体会与收获，包括经验感触交流、相关活动体会等，生动呈现了工作过程中的所思所感所悟，沉淀了丰富而鲜活的实践理路和工作情怀。

一、田林虹梅学区活动的收获与体会

田静　田林第二中学数学教师

2015年参加工作时，听课教研活动除了区教研员在网上发的活动外，还有"田林虹梅学区"活动。接下来呈现田林虹梅学区的一系列活动。

2018年"中学数学课堂有效互动的实践与探索"活动中，有听课评课、案例比赛。田林虹梅学区化活动项目不仅促进了地域教育资源的均衡发展，更为学区内青年教师提供了学习交流的平台。我们青年教师在教学、科研等方面都得到了细致而全面的指导，青年教师个人业务能力的提升取得了长足的进步。

为了促进青年教师的发展，提升解题能力，学区负责老师还会不定期开展解题大赛。第一次我没认真准备就去考试了，结果可想而知。在颁发奖项时，我很羡慕别人，心想她们好厉害，要向她们学习。2021年6月，学区举办了一次解题比赛，我正好教完九年级，就去参加了，遗憾只得了三等奖，但也是对我自己的一个小肯定，同时也知道了自己的不足，那就行动吧。因为打算9月报名一级职称的考试，所以暑假里开始刷题。学区的解题活动在督促我们提高水平，提醒我们在繁忙的日常教学中也别忘了提升自己的解题能力，这是数学教学的首要前提。

我们田林第二中学和西南位育中学每年还会有一场同课异构活动。虽然我没开过同课异构的课，但当学校有老师开课磨课时，我们其他老师也会一同参与学习。从一次次的磨课到最后精彩课堂的展示，我学习到了很多课堂教学经验。在每次的磨课中，曹老师和徐老师都亲力亲为，指导每一个活动、每一个细节，从他们身上我学习到了兢兢业业钻研教学的精神。

有时，还会有统一的讲座让我们学习，比如大家共同学习了华东师范大学肖思汉教授关于《基于证据的课堂研究》的讲座，还让每个老师写了听课笔记和收获；还开展了读书活动，阅读书籍《课例教学》，老师们做了读书笔记和分享。在教学的过程中不仅仅要注重教学经验的积累，也要注重对教学过程的反思。多读书，教师的教育教学过程才有更好的发展。

田林虹梅学区在提升教师的教育教学能力和科研能力等方面，举办了很多贴近实际且有成效的活动，能切实帮助和促进青年教师的发展。我们在活动中受益匪浅，在不断地学区交流中开阔了视野，提高了眼界。

二、教师开课心得

张雨薇　西南位育中学初一英语教师

通过这次磨课我体会到了学习发生的过程，通过交互的形式，了解了不同层次、不同基础的学生的学习需求和学习规律，从而懂得在教学中要能够为不同程度的学生提供机会，给学生搭建好知识的框架，并且给予学生条件和支持，帮助他们运用知识，这也是我在日后的教学中可以继续思考和实践的。

陈丽　西南位育中学初二语文教师

这次参与"西田三元制"带给我很多挑战，但更多的是收获。因为是换班上课，所以对学情的把握显得尤为重要。如何设计适应学生思维水平的问题，如何激发学生的课堂参与热情，如何根据学生回答问题反映出的思维及时调整教学设计，这对只有两年工作经验的我来说是一项巨大的挑战。我们语文备课组在方老师的领导下拧成一股绳，给我提供了很多帮助；在和田林第二中学的老师一起研讨的过程中，我也获得了很多经验指导。

钟娟　西南位育中学初一数学教师

作为一名青年教师，在备课的过程中，我得到了学校数学组很多老师及教研员徐晓燕老师的指导与帮助，这让我对于教学目标和重难点的把握、教学方法的选择都有了更加准确的认识。比如，在"可以化成一元一次方程的分式方程"这一节课的教学过程中，我清楚了要引导学生类比一元一次方程的定义与解法，让学生自主探索分式方程的定义和解法，学生在理解分式方程的定义和掌握分式方程解法的过程中感受化归的数学思想方法。通过对分式方程增根产生原因的讨论，我完善分式方程的解题步骤，同时提升思维的严密性，感受事物之间的相互变化和运动转化的辩证唯物主义思想。

宋心怡　田林第二中学初一数学教师

在这次活动中，我们七年级数学备课组不仅进行了单元设计的联合教研，还对展示课进行了热烈的探讨。大家各抒己见，让我对重难点的把握、教学方法的选择都有了更加准确的认识。大家思维火花的不断碰撞，让我学会了很多东西，激励我在今后的教学中不断进取，不断充实，积累经验，在实践中感悟单元设计的教学理念，让我的课堂更精彩。

强校重在强事

▶ 同课异构展示活动

西南位育中学从学区化办学到强校工程，通过参与强校工程同课异构，多年来为青年教师成长搭建平台和提供帮助。在多次讲座和名师沙龙分享中，两校青年教师对于职业生涯规划和学科相关知识、技术有了较为清晰的了解和认识。同时，西南位育中学的教师在工作之余还多次参与田林第二中学的大型活动，帮助青年教师磨课，在实际的课堂教学中给予帮助，为上出一堂更好的课出谋划策。青年教师得到更多的学习机会，有了更大的舞台，才能够更好地成长。

在同课异构的开课任务中，相关教师真正从学生出发，进行富有特色的教学设计。在教学内容的选择上，教师对课本知识进行梳理，有选择性地挑选出了学生还没有掌握的知识作为教学重点，而对于学生已经掌握的知识和难度比较小的阅读文本，将其进行改造，使之成为能够提升学生听力技能的音频材料。

在教学活动的设计上，相关教师摒弃了从单词练习到短语填词再到句子复述的机械性操练，而是设计了许多开放性问题和引导性提问，为学生提供更多的思维碰撞的机会，使学生在课堂中能够激发思维。比如在导入环节，为了引出学生不良的生活习惯，教师设计了三幅朋友圈截图，使学生能够自然地阅读日常生活中常见的信息，自由地表达自己的观点。在活动中，教师也注意培养学生的逻辑思维。比如在 Task B 的听后任务中，学生先通过听力获取受访者的不良生活习惯，而后由此推断可能造成的健康问题，从而意识到不良生活习惯和健康问题之间的因果关系；而在 Task C 中，学生在为听到的健康问题寻找原因之余，还要给受访者提出合理的建议。通过两个任务之间的自然过渡，学生在表达时能够自然而然地了解不良习惯、健康问题和健康建议三者间的关系，从而更加真实和恰当地进行语言生成。另外，教师还设置了录制视频信的环节，使学生能够结合本堂课所学的知识，学以致用，在真实的场景中进行交际。

在教学资源的选择上，教师同样根据学生情况进行了调整。除了将课本上原有的文本进行整合利用外，又额外增加了两个真实情境下的街头采访的听力材料。教师先选择了九年级学生比较熟悉的人物，激发学生兴趣，降低学生在获取信息时的难度，让学生在后期分析的时候更加能够有话可说。而第二个身份教师采用了建筑设计师，一方面这是本学期第四课的新学单词，可以复习旧有知识，另一方面也引导学生意识到一些职业典型的不良生活习惯和亚健康症状。在丰富课堂内容的同时，使学生们能够获得更多的语言信息，增加语言容量。

作为授课教师，教师的任务和在课堂中的作用也发生了改变。在课前，教师做了大量的准备工作并编写了拓展材料，录制了视频和音频。而在课中，教师则需要关注课堂语言，引导学生进行自然交际，根据学生反馈实时调整进度，给予及时的过程性评价，站在学生视角做课堂活动的引导者。

相关教师将这份体会与感悟带到今后的教学工作中。虽然两校学生学情不同，教学目标也各不相同，但是在进行教学设计时都将学生放在首位，致力于在每堂课上让尽可能多的学生参与进来并有所收获。对于基础比较薄弱的班级，在教学环节的设计中也不会一味地放低要求，在课堂上会给予他们更多的耐心和信心，鼓励并引导他们进行尝试，给予他们更多的表达机会。

教学是用心、用脑的大胆实践过程。强校工程同课异构活动让相关教师走出了教学舒适圈，在一次次教案的推翻和改进中不断挖掘自身潜能，并且能够站上更大的舞台，向许多优秀的英语教师学习。通过这次活动，相关教师认识到自己在日常教学中的问题和疏漏，在今后的教学中加以改进，在每一个教学环节中多动脑，多实践，多反思。

▶ "莲叶田田"工作坊

1. 是什么？

（1）名字：莲叶田田。取自诗句"莲叶何田田"，形容莲叶浮出水面，挨挨挤挤，重重叠叠，迎风招展。在茂密如盖的荷叶下面，欢快的鱼儿在不停地嬉戏玩耍，寓意西南位育中学（以下简称"西位"）与田林第二中学（以下简称"田二"）联动，德育人才济济，学生在此德育氛围下悦纳自己、愉悦成长。工作坊的优秀班主任们在此集思广益，相得益彰。而"田田"刚好就是"田二"的校名。

（2）班主任工作的困惑：各条块工作的集中落脚点，应接不暇。

（3）工作设想：通过项目化研究整合已有工作使之形成体系，选择适切的载体突显主题特色，通过常规比赛机制呈现阶段性成果，从而为自身发展积累有效的素材和经验，以此彰显带班品格，达到传承学校特色的目的。

（4）工作目标：兼容并蓄，另辟蹊径；博采众长，独树一帜。

（5）工作途径：工作坊通过形成"一班一品"的途径来探讨和研究。

2. 为什么？ 一份追求，一种情怀

路玮的故事：从"网传"到"感动"。我们身边的好班主任已济济在此，而我们家门口的好学校更需要我们工作坊来亮出名片——"我们真的很不错"！

3. 做什么？ 我们的思考——了解德育主题

（1）结合年级德育主题选取班级特色的一个切入点：一张班级名片（特色＋每月计划）。

（2）结合班级特色建设计划过程性方案：一本班级日志/手账（实施＋思考）。

（3）通过工作坊活动学习案例并讨论实施中的困惑：一个班主任智囊团（讨论＋反思）。

（4）呈现班级特色建设的项目化案例：一套班级特色建设宝典（见微知著）。

图书在版编目（CIP）数据

西田三元制：上海市强校工程学校共同体实践探究 /金琪，王卫珍编著. — 上海：上海教育出版社，2024.4
ISBN 978-7-5720-2522-8

Ⅰ.①西… Ⅱ.①金… ②王… Ⅲ.①中学 – 学校管理 –研究 – 上海 Ⅳ.①G647

中国国家版本馆CIP数据核字(2024)第052480号

责任编辑　蒋文妍
封面设计　金一哲

西田三元制：上海市强校工程学校共同体实践探究
金　琪　王卫珍　编著

出版发行　上海教育出版社有限公司
官　　网　www.seph.com.cn
地　　址　上海市闵行区号景路159弄C座
邮　　编　201101
印　　刷　启东市人民印刷有限公司
开　　本　700×1000　1/16　印张 13
字　　数　204 千字
版　　次　2024年4月第1版
印　　次　2024年4月第1次印刷
书　　号　ISBN 978-7-5720-2522-8/G·2217
定　　价　68.00 元

如发现质量问题，读者可向本社调换　电话：021-64373213